Você sabe o que é
Macumba?

Você sabe o que é
Exu?

Dados Internacionais de Catalogação na Publicação (CIP)
(Câmara Brasileira do Livro, SP, Brasil)

Trindade, Diamantino Fernandes
Você sabe o que é Macumba? Você sabe o que é Exu? / Diamantino
Fernandes Trindade. – 1ª ed. – São Paulo: Ícone, 2013.

Bibliografia
ISBN 978-85-274-1228-5

1. Exu. 2. Macumba. 3. Umbanda (Culto). 4. Umbanda
(Culto) – História. I. Título.

12-14844   CDD-299.60981

Índices para catálogo sistemático:

1. Umbanda: Religiões afro-brasileiras   299.60981

Diamantino Fernandes Trindade
(*Matambi*)

Você sabe o que é Macumba?

Você sabe o que é Exu?

1ª edição
São Paulo – 2013

© Copyright 2013
Ícone Editora Ltda.

Coordenação editorial (Umbanda)
Diamantino Fernandes Trindade

Capa e miolo
Richard Veiga

Revisão
Juliana Biggi

Proibida a reprodução total ou parcial desta obra, de qualquer forma ou meio eletrônico, mecânico, inclusive mediante processos xerográficos, sem permissão expressa do editor (Lei nº 9.610/98).

Todos os direitos reservados à
ÍCONE EDITORA LTDA.
Rua Anhanguera, 56 – Barra Funda
CEP 01135-000 – São Paulo – SP
Tel./Fax.: (11) 3392-7771
www.iconeeditora.com.br
iconevendas@iconeeditora.com.br

DEDICATÓRIA

Dedico esta obra aos Exus Maiores
da Coroa da Encruzilhada:
Senhor das Sete Encruzilhadas
Senhor Tranca-Ruas
Senhor Marabô
Senhor Giramundo
Senhor Pinga-Fogo
Senhor Tiriri
Senhora Pombagira

A todos os Guardiões e Guardiãs
da Umbanda e da Kimbanda.

Em particular a todos os que guardam os meus caminhos,
os caminhos da minha família e o meu terreiro:
Exu Toquinho
Exu Veludo das Almas

Senhora Baracyê
Exu Tranca-Ruas
Feiticeiro do Congo
Exu Sete Catacumbas
Exu Sete Covas
Exu Sete Tumbas
Exu Cruzeiro
Exu Corcunda
Exu Calunga
Exu Calunguinha
Exu Caveira
Exu Mirim
Exu Tronqueira
Exu Carranca
Papa Legba
Exu Yangi
Exu Ilè Ifá

Os inimigos de hoje serão os amigos do amanhã!
Palavras do Guardião

SUMÁRIO

Sobre o Autor, **9**

Oração à Tronqueira (Ilè Àṣẹ Èṣù), **13**

Apresentação, **15**

A Iniciação na Palavra de Exu, **19**

I. Macumba, 21

    1. Introdução, **22**

        1.1. Origens dos Negros Africanos no Brasil, **22**

        1.2. O Catimbó ou Culto da Jurema, **25**

        1.3. A Cabula, **33**

    2. As Macumbas, **37**

    3. Matérias Jornalísticas sobre a Macumba, **49**

        3.1. O Espiritismo na Macumba (1925), **50**

        3.2. O Terreiro da Macumba (1925), **60**

        3.3. A Macumba (1933), **64**

        3.4. Por que Cresce a Macumba no Brasil? (1953), **67**

Sumário

II. A Consolidação Ritualística da Umbanda a partir das Macumbas Cariocas, 73

III. Exu (Èṣù), 83
1. Introdução, 84
2. Características e Aspectos Mitológicos do Òrìṣà Èṣù ou Elégbára, 90
   2.1. Qualidades ou Atributos do Òrìṣà Èṣù, 94
3. A Kimbanda, 99
4. Exu! Poder e Perigo!, 106
   4.1. Exu é o Diabo? Quem são os Exus?, 112
   4.2. Mas, então, quem é Exu?, 127

Referências Bibliográficas, 139

Iconografia, 143

SOBRE O AUTOR

DIAMANTINO FERNANDES TRINDADE

- Professor da disciplina Religiões Afro-Brasileiras do curso de pós-graduação em História e Cultura Afro-Brasileira da UNISAL.
- Professor aposentado do Instituto Federal de Educação, Ciência e Tecnologia de São Paulo onde lecionou História da Ciência, Epistemologia da Ciência e do Ensino, Psicologia da Educação e Fundamentos da Educação para os cursos de Licenciatura em Física, Química e Biologia e Pós-Graduação em Formação de Professores. Nesta instituição exerceu ainda as funções de Supervisor de Estágios do curso de Licenciatura em Física, Gerente Acadêmico da Educação Básica e Curador do Clube de Ciência e Tecnologia.
- Lecionou Química na Universidade de Santo Amaro, Universidade de Guarulhos, Universidade Cidade de São Paulo,

Faculdades Oswaldo Cruz, Colégio Agostiniano, Colégio XII de Outubro e Escola Técnica Estadual Getúlio Vargas.

- Pesquisador CNPq.
- Pesquisador do Grupo de Estudos e Pesquisa em Interdisciplinaridade (GEPI) da PUC-SP.
- Mestre em Educação pela Universidade Cidade de São Paulo.
- Master Science in Education Science pela City University Los Angeles.
- Doutor em Educação pela PUC-SP.
- Pós-Doutor em Educação pelo GEPI-PUCSP.
- Autor de livros sobre Educação e Ciências: *A História da História da Ciência, Temas Especiais de Educação e Ciências, O Ponto de Mutação no Ensino das Ciências, Os Caminhos da Educação e da Ciência no Brasil, Leituras Especiais sobre Ciências e Educação, Química Básica Teórica, Química Básica Experimental, O Meio Ambiente e a Sociedade Contemporânea* e outros.
- Autor de livros sobre Umbanda: *Umbanda e sua história, Umbanda Brasileira: um século de história, Umbanda: um ensaio de ecletismo, Iniciação à Umbanda, Os Orixás na Umbanda e no Candomblé, Manual do médium de Umbanda, A Construção Histórica da Literatura Umbandista, Antônio Eliezer Leal de Souza: o primeiro escritor da Umbanda, Memórias da Umbanda do Brasil* e outros.
- Filho de fé do Babalaô Ronaldo Antonio Linares.
- Venerável Mestre da Loja Maçônica Cavaleiros de São Jorge (Grande Oriente do Brasil).
- Médium do Templo de Umbanda Ogum Beira-Mar, dirigido por Edison Cardoso de Oliveira, entre 1981 e 1989.

- Vice-Presidente da Federação Umbandista do Grande ABC entre 1985 e 1989 e Membro do Conselho Consultivo do Superior Órgão de Umbanda do Estado de São Paulo no mesmo período.
- Relator do Fórum de Debates: A Umbanda e a Constituinte, realizado na Assembleia Legislativa de São Paulo, em 1988.
- Colunista do Jornal Notícias Populares, em 1989, escrevendo aos domingos sobre a história e os ritos da Umbanda.
- Pesquisou a Umbanda e os cultos afro-brasileiros em diversos terreiros brasileiros, visitando várias vezes a Tenda Nossa Senhora da Piedade e a Cabana de Pai Antonio, onde conviveu com Zélia de Moraes e Zilméia de Moraes.
- Durante sete anos dirigiu o Templo da Confraria da Estrela Dourada do Caboclo Sete Lanças.
- Atualmente é sacerdote da Cabana de Pai Benguela e professor do Curso de Formação de Sacerdotes da Federação Umbandista do Grande ABC.
- Discípulo dos Babás Adisa Salawu e Adekunle Ogunjimi no Culto de Orunmila-Ifá, dos quais recebeu o nome iniciático de Ifasoya.

ORAÇÃO À TRONQUEIRA
(Ilè Àṣẹ Èṣù)

Diamantino Fernandes Trindade (*Ifasoya*)
Tradução para o Yorubá: *Babá Otunba Adekunle*

Meu Ilè Àṣẹ Èṣù ruge como um grande leão da floresta
Ilè Àṣẹ Èṣù wa dabi kinitun inu aginju

Meu inimigo treme e foge com medo do leão da floresta
Awọn ota wa yio ma bẹ ẹru kinitun inu aginju

Meu Ilè Àṣẹ Èṣù tem a força do fogo, do mar, do vento e da terra
Ilè Àṣẹ Èṣù wa ni agbara ti iná, ti okun, ti afẹfẹ, ati ti inu ilẹ

Meu Ilè Àṣẹ Èṣù é forte como um elefante
Ilè Àṣẹ Èṣù wa lagbara bi erin

Meu inimigo treme e foge com medo do elefante da floresta
Awọn ota wa yio ma beru erin inu aginju

Àṣẹ Èṣù

APRESENTAÇÃO

Prezado leitor!

Macumba e Exu são dois dos mais polêmicos temas dos cultos afro-brasileiros em função do desconhecimento e do preconceito da população.

Pretendemos nesta obra elucidar, sob a nossa ótica, esses temas com serenidade, honestidade, sem proselitismo e sem mistério.

Mostraremos também como a Umbanda se consolidou ritualisticamente a partir das macumbas cariocas.

Para um entendimento melhor dos temas aqui tratados, faremos algumas considerações sobre a origem dos negros africanos aportados no Brasil, história da Umbanda, os cultos da Cabula e do Catimbó.

Quando surgiu a Macumba no Rio de Janeiro, no final do século XIX, já ocorria um grande preconceito, pois em muitos terreiros se praticava a Magia Negra. Cumino[1] explica que a carga pejorativa ocorre no momento em que a palavra "Macumba" passou a ser utilizada como sinônimo de Magia Negra, que em nada define a prática de uma raça e, sim, a intenção de fazer o mal por meio de ritual, seja lá qual for.

É comum ouvirmos algumas pessoas dizerem que vão a uma macumba quando, na verdade, estão indo a um Terreiro de Umbanda. Malandrino[2] diz que a Macumba é muito mais do que apenas uma qualificação preconceituosa, como poderemos ver mais adiante.

Muita gente da Umbanda desconhece o verdadeiro trabalho dos Exus, confundindo os Guardiões da Lei com seres de baixo nível, que se passam por Exus em alguns terreiros, e que na verdade são aqueles conhecidos como kiumbas.

Mostraremos os conceitos de alguns autores e os nossos para que o leitor possa se localizar na verdadeira essência de Exu e também para que possa ver as divergências e convergências dos conceitos.

Que a palavra de Exu possa ecoar nos quatro cantos da encruzilhada.

Para melhor ilustrar a obra, apresentamos algumas imagens históricas da Macumba: um terreiro, um tambor e a capa de um disco. Há também uma curiosa imagem de um trabalho de

---

1. *Umbandista sim, macumbeiro também.*

2. *Macumba e Umbanda:* aproximações.

desobsessão na Tenda Nossa Senhora da Piedade realizada em uma mesa "kardecista". Algumas imagens sobre a temática de Exu são também apresentadas.

Desejo uma boa leitura a todos!

Não importa o meu nome:

Diamantino de Ogum
Hanamatan
Ifasoya
Matambi

Eu sou o que sou!

A INICIAÇÃO NA PALAVRA DE EXU

Iniciar-se é envergar a túnica da humildade
Iniciar-se é servir primeiro antes de ser servido
Ser iniciado é calar para que os outros falem
Não querer ser mais do que ninguém, ser sempre
abnegado
Ser sempre conciliador e de todas as formas buscar
a reunião dos antagonismos
Buscar na união dos opostos, o elo perdido
Isso é que é ser iniciado.

O iniciado é o que tem consciência de saber onde põe a mão, por que põe a mão, com que finalidade vai colocar a outra mão, se precisar, e como tira as duas mãos.

O iniciado é aquele que entende que está se renovando, renovando o outro, está se aprimorando, aprimorando o outro.

Isso é ser iniciado.

Que todos possam se iniciar na própria vida, aprendendo a ser médiuns, aprendendo a colher o fruto na hora certa.

Palavra do Guardião

Macumba

1. INTRODUÇÃO

P ara entendermos as possíveis origens da Macumba, precisamos fazer algumas considerações sobre a origem dos negros escravos aportados no Brasil e os cultos da Cabula e do Catimbó.

1.1. ORIGENS DOS NEGROS AFRICANOS NO BRASIL

O povo de etnia negra aportado no Brasil, ao longo de três séculos, eram provenientes de vários locais da África, como Dahomey,[3] Uganda, Nigéria, Angola, Moçambique, Costa da Guiné etc. Segundo as pesquisas de Nina Rodrigues, médico e etnólogo, os maiores contingentes saíram de três grandes áreas: Congo, Golfo da Guiné e Sudão Oriental. Dessas áreas, dois grandes grupos prevaleceram no Brasil, em cultura e em quantidade, que, para um entendimento direto sobre vivência místico-religiosa

---

3. Atual Benin.

deles, podem ser localizados no Brasil e classificados da seguinte maneira:

A) Sudaneses

Provenientes da zona do Níger, na África Ocidental, foram introduzidos na Bahia, de onde se espalharam pelo Recôncavo. Uma quantidade menor foi para o Rio de Janeiro, Minas e Maranhão.

- Haussás – Bahia;
- Tapas ou Nifés – Bahia;
- Mandingas ou Mandés – Bahia;
- Fulás ou Filanins ou Fulanis – Bahia;
- Yorubanos ou Nagôs – Bahia;
- Aschantis ou Minas – Maranhão, Bahia, Rio de Janeiro;
- Ewês ou Jejes ou Fons – Bahia.

B) Bantos

Provenientes do Sul da África, foram levados para o Rio de Janeiro e Pernambuco, e, a partir de migrações menores, se estenderam a Alagoas, Pará, Minas Gerais e São Paulo.

- Congos ou Cambindas – Rio de Janeiro, Pará, Ceará, São Paulo, Pernambuco;
- Angolas ou Aumbundas – Rio de Janeiro;
- Benguelas, Cassandes, Moçambiques, Fernando-Pó – Rio de Janeiro.

Esses grupos de nações africanas daquela época chegaram falando diversas línguas, porém duas delas se generalizaram e tiveram um predomínio no Brasil: uma delas foi adotada de um modo geral em toda a Bahia, era a Nagô ou Yorubá derivada do Grupo

Sudanês. A outra, do Grupo Banto, foi a Kibundo ou Conguesa. Foi a que mais se distinguiu do norte ao sul do Brasil. Apenas os bantos guardaram o termo Umbanda. Quando chegaram ao Brasil, o termo Umbanda, registrado no idioma Kibundo, significava arte ou ofício de curar, evocar espíritos etc.

No tocante aos aspectos religiosos, os nagôs ou yorubanos, por meio de seus cultos, dominaram os demais, devido à sua organização hierárquica trazida da África, onde a Sociedade Secreta Ogboni assumia a direção suprema do culto, que era formado por lojas ou confrarias filiais em todas as cidades ou vilas. Possuíam sinais, passes e senhas próprias e exerciam grande influência na direção ou governo dos nagôs.

Em relação aos nagôs, os bantos possuíam cultura e mitologia muito pobres. Assim, gradativamente, foram assimilando a sua língua, a cultura e a sua mitologia. É comum, ainda hoje, em terreiros de Angola se cultuarem Orixás em lugar dos Inkices. A seguir apresentamos uma tabela com algumas correlações entre os Orixás, Voduns e Inkices.

Orixás dos Nagôs	Voduns dos Jejes	Inkices dos Angolas	Inkices dos Congos
Olódùmarè ou Olorun	Mawu	Nzambi ou Zambi	Nzambi Mpungo ou Zambiapongo
Oxalá ou Obatalá	Olissará ou Lissá	Lombarengenga ou Cassumbeca	Lomba ou Lembá Dilê
Exu ou Elégbará	Elegba ou Legbá	Aluvaiá	Bombongira ou Pambu Njila
Ogum	Gun	Rocha Mucumbe	Nkoce Mucumbe

Orixás dos Nagôs	Voduns dos Jejes	Inkices dos Angolas	Inkices dos Congos
Oxóssi	Odé ou Aguê	Mutalombo	Mutacalombo
Obaluaiê ou Omolu ou Xapanã	Azoani ou Sakpatá	Caviungo ou Cajanja	Kincongo
Xangô	Sogbo ou Badê ou Khebiosô	Zaze ou Kibuco	Kambaranguajê
Iansã ou Oyá		Matamba	Nunvurucemavula ou Kaiangô
Yemanjá		Dandalunda	Pandá ou Kailá ou Aziri Kaiá
Oxum	Aziri Tobossi	Kisimbi	Kiximbi
Ossaim		Mene Panzu	Katendê
Nanã Burukê	Nanã	Nzumbarandá	Karamoxe
Ibeji	Hoho	Wunje	Wunje

1.2. O CATIMBÓ OU CULTO DA JUREMA

Assunção[4] explica que:

> As primeiras formas de elaboração do Culto da Jurema foram descritas pelos cronistas e viajantes

---

4. *O reino dos mestres:* a tradição da jurema na Umbanda nordestina.

a partir do século XVI, e, mais tarde, pelos holandeses, quando, viajando pelo sertão, narraram a vida e a cultura do povo tapuia.

Nesses rituais, os participantes bebiam, fumavam, manipulavam ervas, invocavam seus antepassados, como elementos culturais inseridos nos costumes de práticas vividas coletivamente. Epiaga[5] cita que as cerimônias ritualísticas de nossos aborígines constavam de cantos e de danças rítmicas, acompanhados de sons tirados de bizarros instrumentos e pancadas. Um desses instrumentos era o bastão de ritmo que, conforme os aborígines, tinha o poder sublime de conduzir a alma ao Paraíso. Para facilitar o fenômeno,[6] ingeriam certa bebida feita de *caapi*,[7] similar ao clássico *peyotl*, cactáceo utilizado pelos mexicanos para o mesmo fim. Queimavam raízes, folhas ou cascas de árvores resinosas, cujo perfume "adormecia ou sonambulizava as pessoas".

Excluindo-se a região do Maranhão onde houve um domínio religioso dos daomedanos, todo o norte do Brasil, da Amazônia até as fronteiras de Pernambuco, o domínio foi do índio, que marcou profundamente a religião popular, **Pajelança** no Pará e na Amazônia, **Encantamento** no Piauí, **Catimbó**[8] nas demais regiões.

---

5. *Amerríqua: as origens da América.*

6. Exteriorização do corpo astral.

7. O Cipó Mariri (*Banisteriopsis caapi*) é encontrado na região amazônica e, juntamente com as folhas do arbusto *Psychotria viridis*, é utilizado na preparação do chá ritualístico do culto ao Santo Daime. Essa bebida é conhecida como Ayahuasca (Cipó dos Espíritos), Yagé, Pindi, Natema, Vinho da Alma, Pequena Morte e outras denominações.

8. Às vezes denominado de Cachimbó.

Introdução

O Catimbó[9] é uma composição dos rituais Congo-Angola, associados à Pajelança Amazônica[10] e às práticas de bruxaria e feitiçaria de todos os tempos. Sofreu influências do Catolicismo e do Kardecismo. Podemos dizer que é um processo de feitiçaria do branco com cachimbo do negro e o fumo do indígena.

O Catimbó começou a se delinear no início da colonização com o nome de Santidade[11], conforme documentos das denúncias e confissões ao Tribunal da Inquisição em 1591-1592.

O culto da Santidade desapareceu em função da perseguição da Inquisição, mas o essencial permaneceu: a mistura do Catolicismo com a cultura indígena e a função do fumo. O elemento de transição entre a Santidade e o Catimbó é o culto indígena dos *Caboclos*, mais ou menos cristianizados, do sertão. Cascudo[12] encontrou alguns vestígios da festa chamada de Ajuá ou Jurema no século XVIII e Fernandes[13] em 1740:

Sendo secreto, por causa de seu caráter religioso, não podiam a ele assistir todos os habitantes da

---

9. Ao pé da letra, o termo Catimbó tem o seguinte significado: cá-a = surra, pancadaria; timbó = cipó venenoso; temos então: surra ou pancadaria venenosa.

10. Adaptação dos antigos rituais indígenas. É a fusão de influências ameríndias, africanas, espiritas e católicas. Teve sua origem na conquista da Amazônia, no início do século XVII, estendendo-se depois ao Piauí. Nessas práticas são cultuados os espíritos da natureza, que habitam os rios, nascentes e matas, chamados de encantados.

11. O fenômeno da Santidade encontra-se em todo o Brasil como um efeito e uma reação ao mesmo tempo à evangelização jesuíta. *Primeira visitação do Santo Ofício, Confissões da Bahia*, p. XVIII.

12. *Meleagro.*

13. *O folclore mágico do Nordeste.*

povoação (...) o ajuá é uma bebida miraculosa, feita da raiz da jurema. Assisti a toda preparação. A raiz ralada, as raspas são lavadas a fim de tirar a terra que aí pode se encontrar e, depois, colocada sobre uma pedra. Aí ela é macerada por uma leve batedura com uma outra pedra. Aí a maceração está completa, põe-se o purê assim obtido num pequeno vaso com água, onde o preparador o aperta com as mãos. Pouco a pouco a água se transforma num caldo vermelho e espumante. Quando se julga que a bebida está feita, tira-se toda a espuma. Então o velho Serafim acendeu um cachimbo tutelar, feito de raiz de jurema e, colocando-o ao contrário, isto é, a parte em que se põe o fumo na boca, assoprou a fumaça no líquido que estava na vasilha, fazendo com ela uma figura em forma de cruz, com um ponto em cada um dos ângulos da cruz. Depois que ele acabou, um caboclo, filho do chefe, pôs o vaso no chão, sobre duas folhas de Uricuri[14] formando um aparador. Em seguida, todos os presentes, entre eles compreendidas duas velhas "cantadoras", sentaram-se no chão, formando um círculo em torno do recipiente.

Comenta ainda que, após essa preparação, a festa começa com o chefe e seus assistentes acendendo os cachimbos que passam de

---

14. Palmeira (*Attalea phalerata*) muito comum na região Norte do Brasil, principalmente no Acre (Nota do autor).

mão em mão até completar o círculo humano. A bebida é também distribuída e muitos deles entraram em sintonia com mundos estranhos, com almas dos mortos e espíritos protetores. Ao final, as cantadoras passaram a benzer as pessoas, uma por uma, sempre cantando. Ao final, uma delas fez uma prece a um dos Espíritos protetores da comunidade.

Em determinadas regiões, o Catimbó recebe a denominação de **Adjunto**[15] **da Jurema**. É bastante comum nesses rituais a ingestão de uma bebida alucinógena feita com a raiz da jurema preta,[16] de efeito muito parecido com a maconha.

No Catimbó, o ponto forte de seus mistérios de iniciação é denominado **juremação**, ato pelo qual o crente se inicia, se prepara, sendo uma espécie de **batismo de fogo**, durante o qual é submetido a um transe hipnótico, espécie de desdobramento do corpo astral, (produzido pela ingestão de bebida alucinógena: infusão de jurema com aguardente). Durante esse transe, recebe em certa parte de seu corpo um cristal ou pedrinha do mar (semente), com a qual acredita estar protegido. A incisão é cauterizada, tampada, de modo que durante a cicatrização o amuleto não saia.

Beber jurema ficou então como sinônimo de feitiçaria e reunião de catimbozeiros.

A força da jurema não é uma força material, a do sumo da planta, e sim uma força de origem espiritual, a dos espíritos que passaram a habitá-la. A ingestão da jurema possibilita a viagem ao mundo do sobrenatural. Uma das cantigas do Catimbó diz:

---

15. Reunião ou agrupamento.

16. *Mimosa hostilis* Bent.

Eu andei o mundo em roda
Percorri todas as cidades de pena
Agora foi que eu conheci
A ciência da jurema

Um instrumento indispensável aos rituais é o cachimbo de canudo comprido e que é denominado de **marca**. O fumo utilizado é misturado com benjoim, incenso, alecrim e plantas aromáticas. Durante os trabalhos, pode-se fumar à vontade. O mestre costuma fumar o cachimbo às avessas, colocando a boca no fornilho e soprando a fumaça pelo canudo. Outro instrumento indispensável é a **marca mestra**, que consiste de uma vareta de madeira comprida que tem na extremidade uma cabacinha com sementes secas.[17] Utilizam-se ainda as **princesas**[18] e as **bugias**.[19]

Os dirigentes dos grupamentos recebem o nome de **mestre** ou **mestre de mesa**, e as Entidades que baixam são chamadas de **mestres de linha**. Segundo Cascudo,[20] a maioria desses mestres de linha são mestiços e mulatos. Diz ainda que o Catimbó mantém as **linhas** significando a procedência dos encantados, nações, invocação dos negros valorosos.

A maioria desses mestres de linha são antigos catimbozeiros e ex-escravos (negros e índios) que durante muitos anos estiveram sob o jugo dos atuais mestres de mesa e de uma forma direta, ainda que, debaixo de bruxaria, reajustam suas dívidas kármicas.

---

17. Espécie de maraca.

18. Bacias de louça.

19. Velas.

20. *Meleagro.*

Segundo Matta e Silva, as evocações eram e ainda são para os denominados mestres de linha do astral, daí veio a origem histórica, popular, não oculta, exotérica, das Sete Linhas da Umbanda, adaptadas sobre alguns Orixás tradicionais, que se diziam **encantados** e podiam ser Caboclos (índios desencarnados há muito tempo), apelidados de Caboclo Serafim, Caboclo Marinheiro, Caboclo Bentevi, Caboclo Boiadeiro, Caboclo Marimbondo, Caboclo dos Montes, Caboclo Juarez etc.

Poderíamos ainda citar muitos outros Espíritos como Maria Padilha, Maria Mulambo, Maria Balaio, Zefinha, Chiquinha, Zé Pelintra, além dos mestres Luiz, Vajucá, Tertuliano, Carlos Violeiro, Carlos Velho, Rei Heron, Manicoré, Bom-Florá, Tabatinga, Felipe Camarão e as mestras Vicência, Cecília, Benvenuta e outros.

A faixa vibratória desses mestres de linha é muito próxima da dos mestres de mesa, sendo portanto muito fácil a ligação fluídica nas mesas, chamada de acostamento. Cascudo[21] relata que Mestre Carlos, conhecidíssimo em qualquer sessão de Catimbó, tem ciúmes, gosta de cauim, é cheio de virtudes e de pecados como um deus grego. Diz ainda:

> *O que se sabe, no Catimbó, da história dos mestres foi contado por eles mesmos. Manicoré, por exemplo, tem dias de conversa indiscreta, narrando segredos dos companheiros do astral, brigas, polêmicas, ciúmes etc. Esses deuses têm sede, como toda gente...*

---

21. *Meleagro.*

> *Manicoré pertence à Pajelança amazônica. É o mais antigo dos mestres, trata de feridas incuráveis. Também trabalha na esquerda embora não seja uma de suas predileções. Disse ter desencarnado há 438 anos (isso na década de 1530). Manicoré, nome de rio amazonense, era, conforme informou Mestre Zinho, inimigo de Agisse. Por isso Agisse aparece repetidamente na linha de Manicoré.*

Bastide[22] cita que, entre os mestres negros que frequentam as sessões de Catimbó, aparece como figura principal o Pai Joaquim. Sua linha tem como refrão *asquimbamba*, palavra visivelmente africana, de origem banto.

> *Pai Joaquim é negro, alegre, asquimbamba*
> *Um velho negro divertido, asquimbamba,*
> *Duvido ainda que haja outro, asquimbamba,*
> *Negro tão velho como eu, asquimbamba*

As sessões de Catimbó são chamadas de **mesa**. **Fazer mesa** é abrir uma sessão. O trabalho para o bem, tratamento médico, remédios, conselhos, orientações benéficas, amuletos, é denominado **fumaça às direitas**. Trabalho para o mal, vinganças, dificultar negócios, impedir casamentos, adoecer alguém, conquistar mulher casada, despertar paixões para relações não conjugais, é **fumaça às esquerdas**. São muito famosos também os trabalhos com chaves para *fechar o corpo*.

---

22. *As religiões africanas no Brasil.*

Nas sessões bebe-se, fuma-se, canta-se e dança-se muito, com evocações extensivas a tudo quanto seja Espíritos de feiticeiros indígenas e mandingueiros africanos do passado.

A prática da Magia Negra tem como base o *envultamento*, que é o uso incisivo de objetos, quer do uso das vítimas, ou, quando não, com bruxas de pano, alfinetes, dedais, agulhas e linhas coloridas. Utilizam-se ainda as chamadas *orações fortes* incorporadas da tradição europeia.

A leitura fortuita de textos esotéricos trouxe para as mesas os símbolos orientais como serpentes mordendo o rabo,[23] estrelas salomônicas, letras gregas cabalísticas e outros. A influência católica foi reduzida, porém em algumas mesas aparecem imagens de Santos. Em alguns catimbós a influência do Kardecismo foi e ainda é dominadora. Surgiu daí o termo **baixo espiritismo** dado a esses rituais pelos periódicos do final do século XIX e início do século XX. O Catimbó pouco assimilou dos Orixás, porém a influência do Kardecismo foi marcante.

1.3. A CABULA

No Rio de Janeiro, até o final da década de 1810, conservou-se a diferenciação por nações: as sudanesas, principalmente os nagôs, com os candomblés, e os bantos com a Cabula.

O culto da Cabula é um exemplo que aponta para a fusão das práticas dos bantos com o Espiritismo. Cabula é um termo deturpado originário de Cabala. Este culto, já extinto, generalizou-se após a Lei Áurea e é o precursor das primitivas macumbas.

---

23. Ouroboros.

Em diversos locais recebeu a influência do Catolicismo, formando uma amalgamação sincrética onde se ouviam muitos termos utilizados nos terreiros de Umbanda.

Conforme Nina Rodrigues,[24] o Espírito que comanda os trabalhos é chamado de **Tatá**. Seus adeptos, chamados de **Camanás**, devem guardar sigilo absoluto sobre os rituais sob pena de morte por envenenamento.

Tal qual no Catimbó, as sessões são denominadas **mesas** e o chefe de cada mesa é chamado de **Embanda**, sendo auxiliado pelo **Cambone**. A reunião dos camanás (cabulistas) forma uma **Engira**. Todos devem obedecer cegamente ao Embanda sob pena de castigos severos. Usam calças e camisas brancas e lenços amarrados à cabeça.

O templo é denominado de **Camucite**, o local é secreto, sempre embaixo de uma árvore frondosa no meio da mata, em torno da qual é limpa uma extensão circular de aproximadamente 50 metros. Feita uma fogueira, a mesa é colocada do lado leste, rodeando pequenas imagens com velas acesas, simetricamente dispostas.

As velas são denominadas **estereiras**[25] e são acesas iniciando-se pelo leste, em honra do mar (calunga grande), depois para o oeste, norte e sul.

Logo após a abertura do ritual, o Embanda, ao som dos **nimbus** (pontos cantados) e palmas compassadas, se contorce, revira

---

24. *Os Africanos no Brasil.*

25. Durante muito tempo, as velas eram confeccionadas de estearina. Hoje são confeccionadas com parafina.

os olhos, bate no peito com as mãos fechadas até soltar um grito estridente.[26] Vejamos um desses nimbus:

> *Dai-me licença, carunga*
> *Dai-me licença, tatá*
> *Dai-me licença, bacúla*
> *Que embanda qué quendá*

O cambone traz então um copo com vinho e uma raiz. O Embanda mastiga a raiz e bebe o vinho. Serve o fumo do incenso, queimado neste momento em um vaso e entoa o segundo nimbu:

> *Báculo no ar*
> *Me queira na mesa*
> *Me tombe a girar*

O Embanda, ora dançando ao bater compassado das palmas, ora em êxtase, recebe do cambone o **candaru** (brasa em que foi queimado o incenso), trinca nos dentes e começa a emitir chispas pela boca, entoando então o nimbu:

> *Me chame três candaru*
> *Me chame três tatá*
> *Sou Embanda novo (ou velho)*
> *Hoje venho curimá*

---

26. Fato comum nos terreiros de Umbanda quando da incorporação dos Caboclos.

Os pleiteantes (**caialos**) a camanás (iniciados) são levados pelos seus padrinhos até o Embanda e, tão logo adentram o círculo, passam três vezes por baixo das pernas do Embanda. Este aspecto do ritual é denominado **tríplice viagem**, que simboliza a fé, a humildade e a obediência a seu novo pai. O Embanda recebe a **emba** (pemba pilada) e com ela fricciona os pulsos, a testa e o occipital do caialo, que depois mastiga a raiz e bebe o vinho oferecido pelo Embanda.

Após esse ritual o Embanda toma uma vela acesa, benze-se e começa a passá-la por entre as pernas, por baixo dos braços e pelas costas do camaná. Se porventura a vela se apagar diante de um dos camanás, esse deverá ser castigado com várias pancadas na mão com o **kibandan** (palmatória), até que a vela não mais se apague. Esses castigos são frequentes e o Embanda manda aplicá-los sempre que julga conveniente, para o aperfeiçoamento dos camanás.

Então, avaliada a fé de todos os camanás, prossegue-se com a tomada do **santé**, que é a parte principal das reuniões. Entoam um nimbu apropriado e o Embanda dança, com grandes gestos e trejeitos para que o Espírito se apodere de todos. De tempos em tempos todos lançam ao ar a emba, para que se afastem os "maus espíritos" e fiquem cegos aos profanos, não devassando assim os seus segredos. [27]

O Espíritos que baixam nos adeptos se identificam como Tatá Guerreiro, Tatá Flor de Carunga, Tatá Rompe-Serra, Tatá Rompe--Ponte etc. Este culto praticamente não existe na atualidade e foi absorvido pelo Catimbó e pelas macumbas.

---

27. A Cabula recebeu várias influências dos ritos maçônicos, o que justifica os procedimentos descritos.

2. AS MACUMBAS

O s cultos de tradição banto existiram desde a abolição da escravatura, como forma de reconstrução de heranças africanas no contexto social urbano. Trindade cita:[28]

Como culto organizado, a Macumba significou a reconstrução das concepções do mundo banto em uma situação urbana, onde tanto os elementos míticos sudaneses, como os componentes da magia europeia irão ser reinterpretados consoante as estruturas de significados do pensamento banto.

A manifestação de espíritos de negros e de índios já ocorria nos rituais primitivos da Macumba (que ainda não tinham esse nome) antes da Umbanda. Conforme Matta e Silva:[29] *o vocábulo*

---

28. *Conflito social e magia.*

29. *Umbanda e o poder da mediunidade.*

Umbanda, como bandeira religiosa, não aparece antes de 1904. O mesmo autor diz:

> Em 1934 tivemos contatos com um médium de nome Olimpio de Melo, oriundo de Magé (um mulato alto, magro) que praticava "a linha de Santo de Umbanda" há mais de 30 anos (portanto, desde 1904 mais ou menos) e que trabalhava com um Caboclo dito como Ogum de Lei, com um "preto velho", de nome Pai Fabrício e com um exu de nome Rompe Mato.
>
> Em 1935 conhecemos também o velho Nicanor (com 61 anos de idade) num sítio da Linha Auxiliar denominado Costa Barros, que sempre afirmava orgulhosamente que, desde 16 anos, já recebia o Caboclo Cobra Coral e o Pai Jacob e que, desde o princípio, as suas sessões "era no saravá da linha branca de Umbanda, nas demandas e na caridade (portanto desde o ano de 1890, segundo suas afirmativas).
>
> Em 1940 conhecemos um famoso "pai de santo" denominado Orlando Cobra Coral (nome da Entidade de cabeça, um Caboclo), também num subúrbio da Linha Auxiliar, em Belfort Roxo, que dizia praticar a "Umbanda Branca", já há 27 anos, portanto desde 1913. Lamentavelmente esse pai de santo suicidou-se com um tiro no peito, deixando

> *um bilhete, onde escreveu que assim procedia, "mas não por força de pemba"... Entendam o sentido da frase os entendidos do santé... A Revista "O Cruzeiro", por ocasião daquele evento, fez ampla reportagem a respeito. Isso em 1945.*

A Macumba primitiva era uma amalgamação de elementos da Cabula, do Candomblé jeje-nagô, dos cultos bantos, do Catimbó, das tradições indígenas, do catolicismo popular, do Kardecismo e práticas mágicas. Não tinha a sustentação de uma doutrina que pudesse articular os diversos fragmentos que lhe davam forma. A Macumba nasceu desta fusão.

Para Trindade[30], a Macumba é composta por crenças e ritos que se relacionam por meio de um processo sincrético, em que a estrutura de seus significados é construída pelos agentes sociais em uma situação urbana, preservando os símbolos dominantes da tradição africana. Existem elementos bantos, tais como: resgate dos antigos calundus,[31] a manifestação dos espíritos ao som dos atabaques, o fechamento do corpo, o jogo de búzios, o uso de ervas, os ebós com animais e as cerimônias sob as árvores etc. Neste processo o Kardecismo participa com a base cultural que viabiliza a assimilação das divindades africanas, por meio da mediunidade de incorporação.

Ramos[32] diz que:

---

30. *Conflito social e magia.*

31. Culto religioso colonial que antecedeu o Candomblé.

32. *As culturas negras no novo mundo.*

O sincretismo com o Catolicismo e o Kardecismo é a regra geral nas macumbas de procedência banto. Nas macumbas cariocas, o Embanda inicia as cerimônias com a benção à assistência e a invocação ao santo protetor..., por influência cada vez maior do Espiritismo, as macumbas de procedência banto tem-se transformado rapidamente. Em muitas, já existe pouca diferença das mesas dos consultórios de baixo espiritismo das camadas atrasadas da população carioca.

Descreve ainda um terreiro da Macumba:

Eles são grosseiros e simples, sem esta teoria de corredores e compartimentos dos terreiros jeje- -yorubá. Conserva-se o altar do santo protetor, mas elimina-se o fetiche preparado com o sangue dos sacrifícios, que se encontra no pegi. Substitui-se assim ainda o fetiche do deus pela imagem católica que lhe corresponde.

Bastide[33] cita que a Macumba refletia o primeiro momento de ação da urbanização sobre as coletividades raciais, a passagem dos agrupamentos fechados, *candomblés, cabulas, catimbós*, à atomização das relações interpessoais. Diz também:[34]

---

33. *As religiões africanas no Brasil.*

34. *As religiões africanas no Brasil.*

A Macumba é a expressão daquilo em que se tornam as religiões africanas no período de perda dos valores tradicionais; o Espiritismo de Umbanda, ao contrário, reflete o momento da reorganização em novas bases, de acordo com os novos sentimentos dos negros proletarizados, daquilo que a Macumba deixou de subsistir da África nativa.

Não é possível precisar a origem da Macumba, porém podemos ter algumas evidências a partir das descrições de alguns autores.

Neves[35] diz que a palavra *macumba* deriva de *mucambo*, que significa *casa de quilombola*, formada por negros refugiados em florestas, como em Palmares, que cultuavam os espíritos de seus antepassados e sonhavam com sua volta à África. Luz e Lapassande[36] citam que os habitantes de Palmares tinham a intenção de criar uma república negra africana e recordar a África.

Outra possibilidade é que a palavra *macumba*, de origem angolana, esteja ligada a um instrumento musical folclórico de percussão de origem africana, similar ao reco-reco,[37] ou a um tipo de dança, o *jongo* ou o *caxambu*, designando um culto que, na região central do Brasil, particularmente no Rio de Janeiro,

---

35. *Do Vodu a macumba.*

36. *O segredo da Macumba.*

37. Melo Morais Filho assinalou-o em 1748, durante a coroação de um rei negro no Rio de Janeiro, referindo-se ao "som de rapa das macumbas em grande número".

fundiu-se com o modelo nagô. Cintra[38] aponta que a palavra *macumba* é recente (aproximadamente 120 anos), visto que João do Rio,[39] em 1904, designa os cultos africanos aí existentes pelo nome de candomblés e não utiliza o termo "macumba". O mesmo autor diz:

> *Entretanto, a realidade aí descrita é a mesma, que posteriormente foi designada por este último termo. Trata-se de um amálgama de cultos nagôs com cultos angolanos ou congolenses, raças que predominavam no Rio de Janeiro. Embora usem a terminologia nagô, os Orixás tem frequentemente nomes e características bantos. Percebem-se também influências de negros islamizados, pois, em certos terreiros, os chefes de culto se denominavam alufás.[40] Os cânticos não eram mais integralmente em nagô, mas nesta língua misturada com o português. O maior contingente de adeptos desses cultos são chamados por João do Rio de negros cambindas, provindos de uma região entre Angola e Congo. Persistem as divindades bantas: Zambi, Zambiapongo, Bombongira, Kerê-Kêre, Lembá etc. Os espíritos dos mortos são denominados zumbi. Os chefes de culto são os embandas.*

---

38. *Candomblé e Umbanda*: o desafio brasileiro.

39. *As religiões do Rio.*

40. Cargo ritualístico do culto malê na Bahia. A grande maioria dos alufás na Bahia era de etnia haussá.

Usam-se também para este cargo a denominação *Tata de Inkice* (Pai de Santo) e *Mameto de Inkice* (Mãe de Santo). O santuário é comumente denominado *canzol, canzel* ou *canzuê*.

Edison Carneiro[41] fornece a seguinte explicação:

> *Antes de dançar, os jongueiros executavam movimentos especiais pedindo a bênção dos cumbas velhos, palavra que significa jongueiro experimentado, de acordo com essa explicação de um preto centenário: "cumba é jongueiro ruim, que tem parte com o demônio, que faz feitiçaria, que faz macumba, reunião de cumbas". O jongo, dança semirreligiosa, precedeu, no Centro-Sul, o modelo nagô. Como o vocábulo é sem dúvida angolense, a sua sílaba inicial talvez corresponda à partícula* ba *ou* ma *que, nas línguas do grupo banto, se antepõe aos substantivos para a formação do plural, com provável assimilação do adjetivo feminino* má.

Segundo Oliveira:[42]

> *Acredita-se também que o caráter pejorativo, associado à magia negra, que o termo assumiu ao longo do tempo, se deu pela provável associação ao adjetivo feminino de mau: "má".*

---

41. *Os candomblés da Bahia.*

42. *Das Macumbas à Umbanda.*

Após o evento da libertação dos escravos, uma boa parte dos chamados Cultos de Nação passou a tomar um caráter mais externo, propiciando rápidas fusões e amalgamações com outros ritos, como a Cabula, o Catimbó, a Pajelança, começando a proliferação de terreiros, roças, mesas etc., por este Brasil afora. Malandrino[43] diz que a formação de uma nova religião pode apontar para a possibilidade dos negros libertos vislumbrarem a mudança do seu lugar na pirâmide social através de uma nova religião.

Botelho[44] cita que:

> No final do século XIX e início do século XX, tradições religiosas da etnia sudanesa foram sendo aos poucos adicionadas ao sincretismo banto-católico existente também no Rio de Janeiro, levando ao surgimento dos sincretismos conhecidos como Zungu e Macumba.

> Parece que os termos Zungu e Macumba foram usados indistintamente no Rio de Janeiro para designar quaisquer manifestações sincréticas de práticas africanas relacionadas a danças e cantos coletivos, acompanhadas por instrumentos de percussão, nas quais ocorria a invocação e incorporação de espíritos e a adivinhação e curas por meio de rituais de magia, englobando uma grande

---

43. *Macumba e Umbanda:* aproximações.

44. *Sincretismo Religioso e suas origens no Brasil.* Disponível em: <http://estudodaumbanda.wordpress.com>.

variedade de cerimônias que associavam elementos africanos (Nkises, Orixás, atabaques, transe mediúnico, trajes rituais, banho de ervas, sacrifícios de animais), católicos (cruzes, crucifixos, anjos e santos) e, mais raramente, indígenas (banho de ervas, fumo). A diferença básica entre eles parece ser apenas o período em que estes termos foram utilizados: zungu, em meados do século XIX, e macumba, no final do século XIX e início do século XX, substituindo o termo zungu.

Oliveira[45] cita:

A lenta introdução dos Orixás na Macumba não lhe alterou a estrutura cultural, centrada na evocação das almas dos ancestrais tribais. O que caracteriza a Macumba não é o santo protetor, mas um espírito familiar (Preto Velho, por exemplo) assistindo à crescente população suburbana quer negra ou branca, que vinha aos terreiros buscar lenitivo e soluções para problemas econômicos, afetivos e terapêuticos.

A fusão de rituais trouxe para os catimbós e demais cultos alguns instrumentos ritualísticos dentre os quais uma espécie de tambor denominado *macumba*, que era tocado nas festas em louvor aos Orixás. O *macumbeiro* era o seu tocador. Como é

---

45. *Das Macumbas à Umbanda.*

comum, no Brasil, dança e instrumento acompanhador terem a mesma denominação, é possível que no culto religioso homônimo se tenha utilizado do instrumento, daí nascendo seu nome.

Estes cultos expandiram-se rapidamente principalmente no Rio de Janeiro, e como geralmente esses tambores eram tocados nos rituais, começaram a ser chamados de *macumbas*. Neles baixavam uma gama de Espíritos chamados de Mestres de Linha, os Tatás etc.

Segundo Matta e Silva, o termo *macumba* generalizou-se, passando a designar ritos fetichistas, *baixo espiritismo*, isto é, tomou um sentido pejorativo, pois a concepção popular o tem para indicar sessões de terreiro, em que as práticas afro-indígenas são as mais inferiores.

O termo *macumbeiro* também ganhou novo sentido: aponta-se como *macumbeiro* toda pessoa que é assídua frequentadora de terreiros de *macumba*. Muitos desses terreiros se abrigam na atualidade sob o nome de Umbanda. É comum ouvirmos alguns dizerem que vão a uma macumba quando, na verdade estão indo a um Terreiro de Umbanda. Luz e Lapassande[46] dizem que *a macumba significa mais que um rito religioso: é algo mal definido, que ultrapassa os limites de uma "igreja" na direção de uma "festa" (no Rio se diz sempre: Você vem? Há uma boa macumba esta noite ...)*.

Os mesmos autores dizem que o terreiro de Macumba tem, em geral, forma de capela, com um altar. Sobre o altar há imagens de Jesus, da Virgem Maria e dos Santos: São Jorge, São Lázaro etc. Muito próximo dos terreiros de Umbanda.

---

46. *O segredo da Macumba.*

As práticas da Macumba carioca tinham também certa seme-
lhança com as práticas da Cabula. Conforme Silva:[47]

> *O chefe do culto também era chamado de embanda,*
> *umbanda ou quimbanda, e seus ajudantes, cam-*
> *bono ou cambone. As iniciadas eram as filhas de*
> *santo, por influência do rito jeje-nagô, ou médiuns,*
> *por influência do espiritismo. Na Macumba as*
> *entidades como os Orixás, Inkices, Caboclos e os*
> *Santos Católicos eram agrupadas por falanges ou*
> *linhas como a Linha da Costa, de Umbanda, de*
> *Quimbanda, de Mina, de Cabinda, do Congo, do*
> *Mar, de Caboclo, Linha Cruzada etc.*

Diz ainda o autor que a abrangência de cultos, que sob o termo
Macumba eram conhecidos, parece ter sido um dos motivos de
sua popularidade e de seu uso indiscriminado para se designar
as religiões afro-brasileiras em geral.

Os dirigentes dos terreiros de Macumba e, principalmente
as federações umbandistas do Rio de Janeiro, não se sentiam
confortáveis com o termo *macumba*, uma expressão que possuía
um forte preconceito e uma carga pejorativa, que podia prejudi-
car a expansão da Umbanda. É possível que a Macumba tenha
praticamente desaparecido da religiosidade carioca em função
da propagação da Umbanda e a sua rápida expansão no Estado
do Rio de Janeiro, principalmente na então Capital Federal, que
teria recebido um número substancial de prosélitos da Macumba

---

47. *Candomblé e Umbanda*: caminhos da devoção brasileira.

e a influenciado de tal maneira que levaram muitos terreiros de Macumba a se transformarem em tendas de Umbanda ou em casas de Omolokô para fugirem da repressão policial que era mais branda nesses cultos.

3. MATÉRIAS JORNALÍSTICAS SOBRE A MACUMBA

L eal de Souza,[48] dirigente da Tenda Espírita Nossa Senhora da Conceição, ousou escrever sobre Umbanda, em um jornal de grande divulgação do Rio de Janeiro, em 1932, em plena repressão da Ditadura Vargas. Foi o primeiro umbandista que enfrentou a crítica feroz, ostensiva e pública, em defesa da Umbanda.

Isso aconteceu em uma época em que era quase um crime de heresia falar de tal assunto. Foi também o precursor de um ensaio de codificação, ou melhor, foi o primeiro que tentou definir, em diversos artigos, o que era Umbanda ou o que viria a ser no futuro esse *outro lado* que já denominava de Linha Branca de Umbanda

---

48. Recomendamos a leitura do livro *Antonio Eliezer Leal de Souza:* o primeiro escritor da Umbanda. Diamantino Fernandes Trindade. Editora do Conhecimento.

e Demanda. Nessa época, para os fanáticos religiosos e espíritas sectaristas, tudo era apenas *macumbas...*

A série de artigos de Leal de Souza, de 1932, no Jornal *Diário de Notícias* deu origem ao livro *O Espiritismo, a Magia e as Sete Linhas da Umbanda*, editado em 1933, com 118 páginas, nas antigas oficinas gráficas do Liceu de Artes e Ofícios, na Avenida Rio Branco, 174, Rio de Janeiro.

Nove anos antes, 1924, o Jornal *A Noite*, também do Rio de Janeiro, promoveu o inquérito sobre o Espiritismo, organizado pelo mesmo jornalista, que deu origem ao livro *No Mundo dos Espíritos*, obra publicada pelas oficinas gráficas de *A Noite*, em 1925, com 425 páginas. Apresentamos a seguir alguns artigos do autor.

3.1. O ESPIRITISMO NA MACUMBA (1925)

Íamos, no Engenho Novo, pela Rua Araújo Leitão. Sob os nossos pés, arbustos rasteiros, gramas tenras, águas paradas, buracos enganosos. Aos lados, à espessa vegetação condensando massas de sombras. Era meia-noite. Reinava a treva. Cercada de árvores adivinhamos uma casa pelo desenho das portas e janelas, a traços de luz. Um rumor cadente de palmas acompanhando um sussurro melancólico de vozes escapava por entre essas frinchas luminosas. Quando nos aproximamos, abrindo-se uma porta silenciosa em nossa frente, surgiu dela um vulto que, após uma breve inspeção, mandou que entrássemos.

Éramos quatro pessoas, pois estavam conosco um jovem paraense de óculos, o senhor Paulo Torres e o escritor Carlos Nóbrega, homem de prestígio na Macumba. Penetramos em um aposento escuro, onde se esboçavam figuras em movimento. Mãos quase invisíveis arrebataram os nossos chapéus. Rolamos, então, para a sala contígua, o "canzel" de Pai Quintino,[49] tomando assento, após seu consentimento, em um banco encostado à parede.

Ao fundo, numa espécie de altar, forrado de pano branco, com ornatos vermelhos, imagens diversas e numerosas, em quadros, e, sobretudo, em estatuetas, representando santos da igreja e talvez ídolos barbarescos; tigelas cheias de água, contendo pedras e cruzes de pau; latas, copos, vidros, um cachimbo, velas acesas em candelabros, um polvarim,[50] garrafas, pacotes de velas, caixas de fósforos.

Diante do altar, enterrados no chão, encruzando as lâminas, uma espada e dois sabres Comblain, com folhas cheias de cruzes de giz; uma estrela de metal; punhais de varias dimensões; velas ardendo; uma pedra preta, um bloco de vidro branco... Pelas paredes brancas, imagens sagradas e velas bruxuleando em suportes especiais de madeira. Três bancos encostados ao muro estavam cheios de gente, ficando, porém, as mulheres de um lado, e os homens do outro.

No meio da sala, sentado em uma cadeira, com os rugosos pés nus e a camisa fora das calças, tendo uma vela acesa na mão, um negro de estrutura vultosa, quase velho, Pai Quintino, passeava os olhos pelo solo, e tinha, na sua frente, um sabre fincado, um copo

---

49. Canzel significa recinto ritualístico (nota do autor).

50. Objeto usado para guardar pólvora, feito de chifre de animais, de marfim e outros materiais (nota do autor).

e um santo de gesso enrolado em um rosário e pesando sobre dois papéis garatujados.[51]

Pai Quintino fez um sinal a uma preta, que se ajoelhou aos seus pés, e mandou que ela amarrasse aqueles papéis na saia, bateu palmas e cantou:

— Óia o nó, Guiomá!

Em coro, os assistentes repetiam: Óia o nó, Guiomá! Os papéis não tinham sido amarrados com segurança e, desprendendo-se da saia, rolaram na poeira. Pedindo uma bengala, Quintino deu duas fortes pancadas na cabeça da mulher, ordenando-lhe que reatasse com cuidado a saia, guardando nela os papéis.

Riscou, a giz, um círculo no chão, e, dentro do círculo, uma cruz sobre a qual emborcou o Santo. Apanhando um copo, entornou cachaça em quatro pontos diversos, em torno da imagem emborcada; rabiscou, diante de nós e nossos companheiros, umas figuras cabalísticas, que foram cobertas de pólvora. Apagou as velas que lhe ardiam aos pés e mandou chegar fogo aos desenhos de pólvora, que deflagravam, ao canto, cadenciando as palmas:

— Queima os maus óio! Queima a má língua!

Era, disseram-nos, um ato preventivo, motivado pela nossa presença de desconhecidos, e destinado a conjurar forças que nos impedissem de fazer mal à "Macumba".

Tomada essa precaução, Quintino traçou uma cruz na palma da mão direita, estendeu-a a um homem que nela pôs um pouco de pólvora, logo incendiada. Ao clarão estrondeante, o negro, erguendo-se, fez o círculo da sala e todos lhe beijaram. Quintino passara a ser o Pai Rafael de Umbanda. Chamou a mulher de

---

51. Rabiscados (nota do autor).

saia amarrada, e, indicando a vela que estivera entre seus dedos, determinou:

— Minha fia, enterra esta vela de pavio para baixo, inté a metade, numa vala em que não passa água.

Falou, por momentos, numa língua africana incompreensível, sacudiu a cabeça violentamente e abaixou o tronco, a dobrar-se, fazendo, com os lábios: "Burr! burr! burr! burr!"

— A minha língua é a língua de Angola, mas eu me experico pra os mês fio compreende.

Fez uma dissertação confusa sobre o Gênesis, e terminou:

— Mas que há Deus, há! Que há bom espírito, há! Com a graça de Deu, não tem inferno e diabo. Com a graça de nosso veio Oxalá eu entro em bataia com o inferno e eu sou vencedô na bataia.

Voltando-se para um soldado do Exército, perguntou:

Quem é mais veio? Quem é mais premero, tu ou teu pai?

— Meu pai.

— Pois viva o teu pai! E quem veio premero que o premero? Quem é o maió que tá por cima? É os podê de Deus! Viva os podê de Deus, meu fio! Viva os mais maió que tá por cima!

A assembleia repetiu as aclamações e Raphael continuou:

— Há uma justiça do céu e há uma justiça da terra. É preciso arrespeitá os podê do céu e obedece os podê da terra, porque os homem não é ermão, meu fio. Uma muié tem dois fio; um é arto, outro é baixo; um é moreno, outro é claro; um dá pra deputado, outro dá para ladrão. Deus fez o mundo direito, meus fio, mas os home pois o mundo às avessa. Agora os home é que tem de endireitá o mundo que eles entortaro.

Sentou-se, e pediu o "Santo Gronhonhô". Alcançaram-lhe numa bandeja, comida pela ferrugem, umas sementes que ele pôs na palma da mão, e sacudiu no chão, como dados, cantando!

— Minha baraio de mamona.

Os assistentes, em coro, repetiam: "minha baraio de mamona". Raphael, ou Quintino, chamando uma mulata de enorme cabeleira, fê-la ajoelhar-se ao seu lado, de face para o altar, e cantou: "Maria, eh! Maria, eh!"

Por uns quinze minutos, o coro, batendo palmas, em toada dolente, clamou:

— Maria, eh! eh! Maria, eh! eh!

A mulata começou a mover com os ombros, em requebros, e passou a bater com as mãos espalmadas no chão. A poeira, batida cadentemente, subia em nuvens, espalhando-se pelo ar, e a cabeleira da dançarina genuflexa, desprendendo-se, varria o solo e resvalava sobre o fogo das velas. Depois, levantada por dois homens, a mulher, braços caídos, pernas rígidas, a face a parecer horripilante por entre o véu dos cabelos, ficou a cambalear volteios, dançando sem consciência, até o raiar da aurora.

Raphael reatou o sermão, dizendo às mulheres:

— Quando o seu fio chora e faz travessura, nunca chama ele de peste nem de diabo, porque as crianças é o nosso anjo da guarda. Mãe que chama o fio de diabo mete o azar dentro de casa. Quando seu marido for desinfeliz e não podê comprar as coisas, não zanga com ele, minha fia. Diz: a minha fome é grande, mas o podê de Deus é mais maió.

Aos homens disse Raphael:

— Tudo não pode sê iguá. Tem de havê diferença pra se cumpri as leis de Deus. Se todos home fosse rico, quem haverá de querê fazê as molazinhas piquena da máquina grande? E quem é que fazia o machado, meus fio? Portanto, viva o mais maió que tá por cima e viva o nosso veio Oxalá.

— Viva! Viva! Bradavam os filhos de Raphael.

Mandou ajoelhar-se ao seu lado uma negrinha jovem, de lindas faces, pés descalços, vestido branco, cabelos curtos, e que obedeceu sem alegria. Fez com que lhe tirassem os grampos e cantou: Ogun eh! Ogun eh!

Batendo palmas, os circunstantes romperam a cantar: Ogun eh! Ogun eh!

— Ogun é São Jorge, segredou-nos o nosso colega Nóbrega. Repare e verá o espírito incorporar-se à médium.

Sebastiana, este era o nome da rapariga, como a outra, entrou a bater com as mãos no solo, porém, verificando que ela evitava o transe, Raphael, fazendo-a sentar-se sobre os calcanhares, empunhou uma palmatória, e deu-lhe dois bolos bem puxados. Pediu: "Sangue!" e recebendo um copo de vinho, verteu-o no solo, dando o restante à médium. Esta estendeu a mão a um homem que lhe depôs, na palma, uma porção de pólvora, a que chegou um fósforo. Ao estrondo luminoso, Sebastiana, contorcendo-se, principiou a oscilar convulsivamente de joelhos. A cantoria continuava, mas modificada:

— Percura a minha falange! Percura a minha falange!

De repente, num salto, erguida, a moça, também com as pernas rígidas, com as articulações perras, saiu a voltear, inconscientemente, e:

— Levanta ela!

Levantada por dois homens, Sebastiana continuou a densa cambaleante, ao canto de:

— Percura a minha coroa!

Com os olhos parados, os maxilares comprimidos, os beiços apertados e estendidos os braços sem governo, respirava em bufidos, quebrava o corpo em corcovos, batia rudemente com os pés.

— Eles acreditam que ela recebe São Jorge, mas que é o cavalo do Santo, sussurrou Nóbrega ao nosso ouvido.

Mas, atirando-se de bruços, a bailarina de pernas duras bateu com a fronte na pedra preta e pôs os lábios no bloco branco de vidro. Reerguida, puzeram-lhe na mão o grande sabre riscado de cruzes, cantando o coro:

— Defende a minha coroa!

Ela, ora arrastando o sabre, ora pondo-o no ombro, rodava, rodava, e, de repente, riscando uma cruz no chão, cravou, sobre ela, a arma; e estendeu, para nós, os braços.

— Levante-se, abrace-a! Aconselhou Nóbrega.

Obedecemos. Abraçando-nos, Sebastiana bateu com o seio esquerdo em nosso ombro direito, e, após, num movimento rápido, tocou o nosso ombro esquerdo com o seio direito, reproduzindo a cena com os nossos companheiros. Fez um sinal a um rapaz indiático, em mangas de camisa, voltou-se com ele para o altar e, como se o coroasse, colocou-lhe a mão na cabeça.

Em seguida, começaram a surgir diante dela os que haviam recorrido a Pai Raphael, por doenças ou negócios. Sempre inconsciente, pernas endurecidas, a reluzir de suor, a rapariga, quando se lhe aproximava o indivíduo a ser atendido, tomava as sementes que nos pareceram dados, e, fechando-as, na mão, batia na sua e na cabeça do outro, alongava o braço em oferenda à imagem de São Jorge, e jogava as sementes no chão. Davam-lhe, então, uma vela acesa, e a dançar, a moça fazia essa luz girar ao redor de cada uma das pernas, dos braços, da cabeça e da cintura do cliente, apertava-lhe, em seguida, a destra, e impelia-o, para que se afastasse.

Jogadas, uma vez, sem intenção a um moço acaboclado, de boas roupas, as sementes, ao serem examinadas, alarmaram os circunstantes.

Sebastiana deu um pulo, e acicatando as ilhargas com os punhos cerrados, batia com os pés no mesmo lugar, como se estivesse correndo. Colocou, depois, a vela na cabeça do paciente, e, largando-a vimos a luz cair, apagando-se.

A ansiedade geral aumentou. Novo pulo da dançarina que, certa vez, apoiando-se unicamente sobre o pé direito, com a perna esquerda estendida, a cabeça ereta e os braços abertos como asas, dava a impressão de querer voar. Tornando, porém, ao rapaz, refez, com a vela, a experiência anterior, e, vendo-a apagar-se ao tombar, empunhou o sabre.

— É perigo de vida! – disse-nos o nosso confrade Nóbrega.

Sebastiana, dançando de pernas rígidas, descreveu um círculo ao redor do moço, olhando com a face arrogante, como a encarar inimigos. Com a ponta do sabre, riscou no chão o círculo que percorrera, e retrilhou-o, em seguida, brandindo a arma sobre as nossas cabeças, a desferir pontaços e golpes defensivos. Parou, e, levantando o corpo sobre as pontas dos pés, voltada para a imagem de São Jorge, alçou magnificamente o braço e elevou a espada ao teto. Nesse momento, aquela negrinha descalça, de vestido sujo de pó, com os olhos dilatados, o rosto majestoso, resplandecia de beleza, como um anjo esculpido em ébano. Fincando o sabre no solo, retornou a vela, e, resoluta, colocou-a sobre a cabeça do rapaz. A luz tombou, rolando pelo solo sem se apagar.

— Viva a fé! Gritou Raphael!

— Viva a fé! Gritaram mulheres e homens.

Um tipo gordo, claro, de fartos bigodes, avançado, apresentou a Sebastiana os pulsos justapostos, como se estivessem amarrados. Ela recolhendo um charuto aceso, que lhe alcançaram, descreveu alguns giros de dança, a fumar; apertou a mão do gorducho, encheu a boca de fumo, e, curvando-se, fez a fumaça insinuar-se e atravessar as duas palmas unidas, e, com um giz, gravou cruzes nos sapatos, na testa, nas fontes, na nuca e nas mãos do consulente.

Colocando as duas mulheres diante de sua cadeira Pai Raphael, movendo uma vela acesa, recitou uma oração feita de pedaços de outras orações e mandou: "acordem". Sylvia e Sebastiana continuaram a cambalear. Pai Raphael cantou, repetindo-lhe o coro, o canto:

— Andorinha, leva o meu anjo para o Céu!

De repente, a mulata estacou, e, levantando a cabeleira com a mão, olhou em roda e, disparando, saiu do canzel! A pretinha, porém, não saía do transe. Pai Raphael gritou:

— Levanta o ponto.

E o coro mudou:

— O anjo que trouxe, o anjo que leve!

O transe não passara.

— Encruza ela!

Dois homens pegaram a Sebastiana pelos braços. Terceiro traçou-lhe, com força, uma cruz na face. Quarto soprou-lhe o rosto.

Como Sylvia, esta, recobrando-se, deitou a correr, desaparecendo no aposento escuro.

Raphael, fazendo aproximar-se dele uma cabocla de lisas madeixas, encheu a boca de parati[52], e, com os dentes, arrancou uma porção de cabelos à mulher, e, cuspindo-os no chão, resolveu:

— Eu vou embora.

Todos, um a um, deitando-nos de bruços, no pó, beijamos o solo, entre os pés do bonzo vivo da macumba. E ele, derramando água no chão e formando um barro, considerou:

— A terra te fez. A terra te abençoe. A terra te coma.

Um a um, todos, metendo os dedos naquele barro, fizemos, com ele o sinal da cruz, enquanto Raphael cantava:

— Eu vou embora, fica com Deus e Nossa Senhora.

Virando-se para o altar, ofereceu:

— Deus. Espírito Santo, Maria Santíssima, eu te ofereço esta obrigação, e, ao fim de uma longa reza, aclamou:

— *Viva os espritos da medicina. Viva os dotô que morrero há mais de sessenta anos e tá no Céu e tá aqui com nóis também!*

Tirou os paramentos, colocou-os sobre os copos da espada que oscilava no chão, diante do altar, e começou a cantar:

— O Zambi me chama. Eu tenho de ir. O Zambi me chama eu tenho de ir.

De repente, como um cadáver, com todo o peso de seu corpo, caiu de costas, mas foi amparado vigorosamente por seis braços possantes.

Acabara a sessão. Eram quatro horas da madrugada.

---

52. Cachaça (nota do autor).

3.2. O TERREIRO DA MACUMBA (1925)

Tomo no terreiro! Pra baixo, a terra nossa. Pra cima, o grande véu! Lá, no lado, nossa mãe, a Santa Lua! Bradava, entre seus adeptos, Pai Quintino.

E no terreiro, cercado de árvores, entre blocos de pedra, sob o Céu estrelado, a macumba, na véspera do dia de São Jorge, iniciava, com um ensaio ruidoso, a festa de Ogum. Alinhados entre os "filhos" de Pai Quintino, no círculo de homens e mulheres que o rodeavam, apareciam, estranhos àquele meio, junto ao escritor Nóbrega da Cunha, o poeta Murillo Araujo, o desenhista Cornélio Penna e o jovem catarinense Bello Wildner.

A claridade trêmula de algumas velas, entre os rufos de dois tambores e de um pandeiro, sob palmas cadenciadas, ao som monótono de um canto barbaresco, três raparigas — olhos dilatados, em fixidez sem alvo, braços descaídos ao longo do corpo, pernas bambas ou rígidas dançavam, aos pulos, inconscientes, com o busto tombando para a frente, para os lados, em movimentos bruscos, desconexos, sacudidos.

Puseram, entre as dançarinas em transe, uma negrita alta e magra, de tenra idade, com um chapéu masculino, de palha, sobre a gaforinha.[53] Chamaram um rapaz escuro, de renome entre os últimos capoeiras cariocas, e, pondo-lhe, amoroso, o braço ao pescoço, Pai Quintino arrastou-o ao centro do terreiro e mudou a letra do canto, substituindo, assim, por um coro mais plangente e mais amplo. O capoeira, em poucos minutos, cambaleou e, dan-

---

53. Cabelo desgrenhado (nota do autor).

çando, caía sobre os adeptos, atirava-se de cabeça, sobre as pedras, sendo, então, amparado e detido pelos circunstantes.

Uma das dançarinas rojou-se de bruços, na poeira, com os cabelos desgrenhados, mas, reerguida, continuou em seus volteios bizarros:

— Viva Ogun!

— Viva o general de Umbanda!

— Viva a espada do nosso general!

— Viva o cavalo de nosso general!

Repetiu a macumba estes brados do macumbeiro, e uma crioula simpática, de farfalhante vestido branco, apresentou, com respeito, a Pai Quintino, um comprido sabre Comblain. Passando-o a um de seus auxiliares, ordenou o chefe que se colocasse o sabre nas mãos do rapaz em crise reputada mediúnica.

Levantando acima da cabeça o braço que empunhava a arma, o capoeira saiu a voltear, em pulos, em saltos, em pinotes, ao recrudescer dos rufos dos tambores e do pandeiro. De pronto, jogou o sabre ao chão e deitou-se de bruços na terra. Traçou-lhe, então, sobre as costas, Pai Quintino, uma cruz aérea, e, fazendo-o levantar-se, repôs-lhe o sabre na mão.

O rapaz, de novo armado, estendeu a mão esquerda à extremidade da lâmina, e, colocou, à maneira de uma canga, sobre o pescoço, a folha cortante de ferro, dando guinchos agudos, estrídulos, reiterados. Alçou, de súbito, o sabre, para assentá-lo sobre a testa, pela empunhadura, onde se enlaçaram os seus dedos. Um canto vibrante de estímulo e desafio irrompeu, alto, no terreiro.

Agitada, em cadência de dança, desprendendo-se da frente de seu portador, a arma riscou um traço no pó, e, fincada na terra, ficou a tremer, enquanto, de joelhos aos pés de Pai Quintino, as mãos postas, o capoeira gemia, de modo lancinante, parecendo chorar.

Levantou-se Pai Quintino, e, com uma vela, descreveu-lhe um círculo luminoso ao redor do crânio, ao tempo em que fazia vibrar uma campainha. Recobrando-se esse médium, a moça que trouxera o sabre dobrou os joelhos e alçou, em oferenda, uma tigela cheia de água, com algumas pedras e duas velas acesas.

Uma das dançarinas em transe tomou a tigela e, pondo-a sobre a cabeça, cruzou as mãos sobre as costas, começou a dançar, em movimentos de crescente rapidez. Dando sinal para um canto de louvor à Mãe d'Água, Pai Quintino entrou, entusiasmado, na dança, girando em torno do sabre fincado no solo.

Com os cabelos engordurados pelo derretimento da vela, a rapariga parou, perguntando:

— Meu Pai, posso começar o serviço?

— Espera, minha fia, quero conversa contigo. Segunda, terça, quarta-feira, quarta-feira de trevas, quarta-feira de endoenças. Quando a Virge via Nossa Senhora na Paixão, dos seus olhos caía uma lágrima na terra, e toda terra tremia. Tremam assim, meus fios, os nossos inimigos. E fique eles tudo, já, debaixo da planta do meu pé esquerdo. Já, disse, e bateu, no solo, com o pé esquerdo.

A rapariga, então, molhando as mãos na água da tigela que tinha sobre a cabeça, lavou os seios, os braços, o rosto, a cabeça da menina do chapéu de palha.

Julgando que, nessa ocasião, um de seus "filhos" — um homem de boa idade, de bigode louro — não guardara a compostura conveniente, Pai Quintino aplicou-lhe às palmas das mãos com uma palmatória dois fortíssimos bolos.

Mudara o motivo do coro. Falava-se, agora, num tronco da floresta, tronco que estava ali, e tinha as raízes na Costa da África. Pai Quintino, encostando-se a uma grande árvore como se se ofertasse para ser amarrado, pediu:

— Quem me dá uma luz?

Levou-lhe um dos adeptos, mas, surpreendendo-o, o velho macumbeiro, com agilidade de moço, suspendeu-se a um galho, passou para o outro, atingindo os ramos mais altos. Lá, prendendo a vela entre as folhas, gritou:

— Viva o Céu! Viva a Terra!

Ardia, na altura, a vela clareando as frondes, e, sem que o víssemos descer, Pai Quintino apareceu estirado no chão do terreiro, a gritar:

— Viva a Terra! Viva o Céu!

Revirou-se em algumas cambalhotas, e, correndo por entre as árvores, anunciava:

— Eu vou embora!

Reaparecendo no terreiro, perguntou aos gritos:

— Quem me tirou a minha chave? Quero abrir a minha porta! Meus fio, a minha chave?

— Eu dou a sua chave! — Respondeu-lhe um dos seus sobrinhos, e mergulhou na sombra das ramagens, correndo.

Quando voltou, trazia, apertada contra o peito, uma tigela com água e folhas verdes, e arrastava, pelos chifres, um bode preto. Pai Quintino agarrou a tigela, e, na boca do bicho, que o pulso do seu sobrinho abriu, derramou metade da água, e bebeu ele próprio o restante.

Já o novo dia raiava, anunciando em longes de aurora. Começaram a dançar um samba, duas a duas, seis mulheres. Soaram, a cadenciar-lhe o sapateio, instrumentos de cordas. Era o fim do início da festa de Ogum!

3.3. A MACUMBA (1933)

A Macumba distingue-se e caracteriza-se pelo uso de batuques, tambores e alguns instrumentos originários da África.[54] Essa música bizarra, em sua irregularidade soturna, não representa um acessório de barulho inútil, pois exerce positiva influência nos trabalhos, acelerando, com suas vibrações, os lances fluídicos.

As reuniões não comportam limitações de hora, prolongando-se, na maioria das situações, até o alvorecer. São dirigidas sempre por um Espírito, invariavelmente obedecido sem tergiversificações, porque está habituado a punir os recalcitrantes com implacável rigor.

É, de ordinário, o Espírito de algum africano, porém também há de caboclos. Os métodos, seja qual for a Entidade dirigente, são os mesmos, porque o caboclo aprendeu com o africano.[55]

Os médiuns que ajudam o aparelho receptor do guia da reunião às vezes temem receber as Entidades auxiliares. Aquele lhes ordena que fiquem de joelhos, dá-lhes um copo de vinho, porém

---

54. Generalização feita aos cultos afro-brasileiros (nota do autor).

55. Na verdade, Caboclos e Pretos Velhos beberam na mesma fonte de conhecimentos (nota do autor).

com mais frequência, puxa-lhes, com uma palmatória de cinco buracos, dois alentados bolos.

Depois da incorporação, manda queimar-lhes pólvora nas palmas das mãos, que se torna incombustível quando o Espírito toma posse integral do organismo do médium.

Conhecendo essa prova e seus resultados quando a incorporação é incompleta, apassivam-se os aparelhos humanos, entregando-se por inteiro àqueles que devem utilizá-lo.

Os trabalhos, que, segundo os objetivos, participam da magia, ora impressionam pela singularidade, ora assustam pela violência, surpreendem pela beleza. Obrigam à meditação, forçam ao estudo, e foi estudando-os que cheguei à outra margem do Espiritismo.

O mesmo Leal de Souza descreve um caso ligado a um desses cultos:[56]

Muitas vezes, uma questiúncula mínima produz uma grande desgraça... Uma mulatinha que era médium da magia negra, empregando-se em casa de gente opulenta, foi repreendida com severidade por ter reincidido na falta de abandonar o serviço para ir à esquina conversar com o namorado. Queixou-se ao dirigente do seu antro de magia, exagerando, sem dúvida, os agravos ou supostos agravos recebidos e arranjou, contra os seus patrões, um despacho de efeitos sinistros.

Em poucos meses, marido e mulher estavam desentendidos, um com negócios em descalabro, a outra atacada de moléstia asquerosa da pele, que ninguém definia, nem curava. Vencido pelo sofrimento, sem esperança, o casal, aconselhado pela experiência

---

56. *O Espiritismo, a Magia e as Sete Linhas da Umbanda*. Trecho do capítulo XVIII.

I. Macumba

de um amigo, foi a um centro de Linha Branca de Umbanda, onde, como sempre acontece, o guia, em meia hora, se esclareceu sobre a origem de seus males, dizendo quem e onde fez o despacho, quem e porque mandou fazê-lo. E, por causa desse rápido namoro na esquina, uma família gemeu na miséria, e a Linha Branca de Umbanda fez, no espaço, um de seus maiores esforços.

Propiciou-se às entidades causadoras de tantos danos com um despacho igual ao que as lançou no malefício, e, como o presente não surtisse efeito, por não ter sido aceito, os trabalhadores espirituais da Linha de Santo agiram, junto aos seus antigos companheiros de Encruzilhada, para alcançar o abandono pacífico dos perseguidos, mas foram informados de que não se perdoava o agravo a médiuns da Linha Negra.

Elementos da falange de Euxoce[57] teceram as redes de captura, e as secundaram, com o ímpeto costumeiro, a falange guerreira de Ogum, mas a resistência adversa, oposta por blocos fortíssimos, de espíritos adestrados nas lutas fluídicas, obrigou a Linha Branca a recursos extremos, trabalhando fora da cidade, à margem de um rio. Com pólvora, sacudiu-se o ar, produzindo-se formidáveis deslocamentos de fluidos; apelou-se, depois, para os meios magnéticos e, por fim, as descargas elétricas fagulharam na limpidez puríssima da tarde.

Os trabalhadores de Amanjar,[58] com a água volatilizada do oceano, auxiliados pelos de Nhan-San,[59] lavaram os resíduos dos

---

57. Oxóssi (nota do autor).

58. Yemanjá (nota do autor).

59. Inhaçã (nota do autor).

malefícios desfeitos e, enquanto os servos de Xangô encaminhavam os rebeldes submetidos, o casal se restaurava na saúde e na fortuna.

3.4. POR QUE CRESCE A MACUMBA NO BRASIL? (1953)

Na revista *Manchete*, número 50 (março de 1953), aparecia a seguinte notícia: *Por que cresce a macumba no Brasil?* Como registro histórico mostramos um pequeno trecho dessa reportagem de Carlos Galvão Krebs. Este jornalista abordava as causas do crescimento dos *cultos fetichistas*, e num determinado ponto diz:

> *O ritmo, o canto, a dança, as vestimentas coloridas, as grandes festas públicas com uma assistência vibrante, isso se combina para proporcionar o prazer e a tensão emotiva de que, em outras culturas, se encarregam o teatro e o cinema, os concertos e a ópera.*
>
> *Uma causa subtil, mas muito ponderável, da disseminação do fetichismo é a fusão crescente, o sincretismo tendente a uma aglutinação completa de todas as crenças existentes no Brasil. Já Arthur Ramos denunciou isso. Em Porto Alegre, no Abrigo Espírita São Francisco de Assis, culto umbandista chefiado até a morte pelo irmão maior Laudelino de Souza Gomes, encontramos misturados (1948) elementos bantos, jejes, yorubanos, católicos, ameríndios, protestantes, espíritas e esotéricos. Cada*

elemento deste sincretismo é um ponto de contato entre o fetichismo e os crentes de culturas diferentes e de outras religiões. Desta forma aumentam fabulosamente as possibilidades de proselitismo: não é como pescar à linha, mas, sim – pescar com espinhel.

Para finalizar diremos que, no fundo de tudo, está a maior de todas as causas. É a massa do sangue negro que corre nas veias de uns 33% de nossa população negra pura e mulata. É o mestiçamento psicológico da maioria branca, denunciado por Gilberto Freyre, maioria branca que em grande parte se criou com o preto, que mamou leite branco nos seios generosos das babás negras, que se iniciou no amor com a carne trigueira das mucamas jovens.

Apesar da importância da reportagem, o leitor pode perceber que o jornalista, assim como a maioria da população, confunde a *Macumba* com a Umbanda e demais cultos afro-brasileiros.

A seguir apresentamos algumas imagens de um terreiro da Macumba da metade do século XX.

Figura 1: Preto Velho e Preta Velha em um terreiro de Macumba.
Fonte: Acervo pessoal de Pai Juruá.

Figura 2: Médiuns femininas em um terreiro de Macumba.
Fonte: Acervo pessoal de Pai Juruá.

Figura 3: Duas médiuns em um terreiro de Macumba.
Fonte: Acervo pessoal de Pai Juruá.

Figura 4: Médium coroada em um terreiro de Macumba.
Fonte: Acervo pessoal de Pai Juruá.

Figura 5: Curiosa capa de disco de vinil sobre a Macumba (1958).

I. Macumba

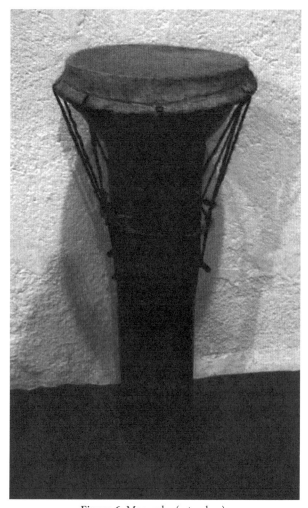

Figura 6: Macumba (o tambor).

II

A Consolidação Ritualística da Umbanda a partir das Macumbas Cariocas

Várias vezes escrevemos sobre a história da Umbanda nos livros: *Iniciação à Umbanda* (Madras Editora); *Umbanda: um ensaio de ecletismo* (Ícone Editora)*; Umbanda Brasileira: um século de história* (Ícone Editora); *A construção histórica da literatura umbandista* (Editora do Conhecimento); *Antonio Eliezer Leal de Souza: o primeiro escritor da Umbanda* (Editora do Conhecimento) e *Memórias da Umbanda do Brasil* (Ícone Editora). Não vamos nos estender neste tema, porém, para localizar o leitor que ainda não teve acesso a essa história, transcrevemos uma síntese:

Quando do primeiro contato de Ronaldo Linares com Zélio de Moraes, em 1970, este lhe narrou como tudo começou.

Em 1908, o jovem Zélio Fernandino de Moraes estava com 17 anos e havia concluído o curso propedêutico (equivalente ao atual Ensino Médio). Zélio preparava-se para ingressar na Escola Naval, quando fatos estranhos começaram a acontecer.

Ora ele assumia a estranha postura de um velho, falando coisas aparentemente desconexas, como se fosse outra pessoa e que havia vivido em outra época. Em outras ocasiões sua forma física lembrava um felino lépido e desembaraçado que parecia conhecer todos os segredos da natureza, os animais e as plantas.

Este estado de coisas logo chamou a atenção de seus familiares, principalmente porque ele estava se preparando para seguir carreira na Marinha, como aluno oficial. Esse estado de coisas foi se agravando e os chamados "ataques" repetiam-se cada vez com maior intensidade. A família recorreu então ao médico Dr. Epaminondas de Morais, tio de Zélio e diretor do Hospício de Vargem Grande.

Após examiná-lo e observá-lo durante vários dias, reencaminhou-o à família, dizendo que a loucura não se enquadrava em nada do que ele havia conhecido, ponderando ainda que melhor seria encaminhá-lo a um padre, pois o garoto mais parecia estar endomoniado. Como acontecia com quase todas as famílias importantes, também havia na família Moraes um padre católico. Por meio desse sacerdote, também tio de Zélio, foi realizado um exorcismo para livrá-lo daqueles incômodos. Entretanto, nem esse, nem os dois outros exorcismos realizados posteriormente, inclusive com a participação de outros sacerdotes católicos, conseguiram dar a família Moraes o tão desejado sossego, pois as manifestações prosseguiram apesar de tudo. Depois de algum tempo, Zélio passou alguns dias com uma espécie de paralisia, quando, repentinamente, levantou-se e sentiu-se completamente curado. Algumas pessoas ligadas à família sugeriram que isso era coisa de Espiritismo e que o melhor era encaminhá-lo à recém-fundada Federação Espírita de Niterói, município vizinho àquele onde residia a família Morais, ou seja, Neves. A Federação era então presidida pelo Senhor José de Souza, chefe de um departamento da Marinha chamado Toque Toque.

O jovem Zélio foi conduzido, em 15 de novembro de 1908, à presença do Senhor José de Souza. Estava num daqueles "ataques", que nada mais eram do que incorporações involuntárias de diferentes espíritos. Foi conduzido à mesa pelo Senhor José de Souza e, tomado por uma força estranha, alheia a sua vontade, Zélio levantou-se e disse: *Aqui está faltando uma flor.* Saiu da sala indo ao jardim e voltando logo a seguir com uma flor que colocou no centro da mesa. Esta atitude causou um grande tumulto entre os presentes principalmente porque, ao mesmo tempo em que isso acontecia, ocorreram surpreendentes manifestações de Caboclos e Pretos Velhos. O diretor da sessão achou aquilo tudo um absurdo e advertiu-os, com aspereza, citando o "seu atraso espiritual" e convidando-os a se retirarem. O Senhor José de Souza, médium vidente, interpelou o espírito manifestado no jovem Zélio e foi aproximadamente este o diálogo ocorrido:

Sr. José: Quem é você que ocupa o corpo deste jovem?

O espírito: Eu sou apenas um caboclo brasileiro.

Sr. José: Você se identifica como um caboclo, mas eu vejo em você restos de vestes clericais.

O espírito: O que você vê em mim são restos de uma existência anterior. Fui padre, meu nome era Gabriel Malagrida e, acusado de bruxaria, fui sacrificado na fogueira da Inquisição por haver previsto o terremoto que destruiu Lisboa em 1775. Mas, em minha última existência física, Deus concedeu-me o privilégio de nascer como um caboclo brasileiro.

Sr. José: E qual é o seu nome?

O espírito: Se é preciso que eu tenha um nome, digam que eu sou o Caboclo das Sete Encruzilhadas, *pois para mim não existirão caminhos fechados.* Venho trazer a Umbanda, uma religião que harmonizará as famílias e que há de perdurar até o final dos tempos.

No desenrolar dessa "entrevista", entre muitas outras perguntas, o Senhor José de Souza teria perguntado se já não bastariam as religiões existentes e fez menção ao Espiritismo então praticado, e foram estas as palavras do Caboclo das Sete Encruzilhadas: "Deus, em sua infinita bondade, estabeleceu na morte o grande nivelador universal; rico ou pobre, poderoso ou humilde, todos se tornam iguais na morte, mas vocês, homens preconceituosos, não contentes em estabelecer diferenças entre os vivos, procuram levar essas mesmas diferenças até mesmo além da barreira da morte. Por que não podem nos visitar esses humildes trabalhadores do espaço, se, apesar de não haverem sido pessoas importantes na terra, também trazem importantes mensagens do além? Por que o não aos Caboclos e Pretos Velhos? Acaso não foram eles também filhos do mesmo Deus?"

Prosseguindo diante do Senhor José de Souza, disse ainda o Caboclo das Sete Encruzilhadas: "Amanhã, na casa onde o meu aparelho mora, haverá uma mesa posta a toda e qualquer entidade que queira se manifestar, independentemente daquilo que haja sido em vida, e todos serão ouvidos e nós aprenderemos com aqueles espíritos que souberem mais e ensinaremos aqueles que souberem menos e a nenhum viraremos as costas e nem diremos não, pois esta é a vontade do Pai."

Sr. José: E que nome darão a esta igreja?

O Caboclo: Tenda Nossa Senhora da Piedade, pois, da mesma forma que Maria amparou nos braços o filho querido, também serão amparados os que se socorrerem da Umbanda.

A denominação de "Tenda" foi justificada assim pelo Caboclo: Igreja, Templo, Loja dão um aspecto de superioridade, enquanto Tenda lembra uma casa humilde. Ao final dos trabalhos, o Caboclo das Sete Encruzilhadas pronunciou a seguinte frase: "Levarei daqui uma semente e vou plantá-la nas Neves, onde ela se transformará em árvore frondosa."

O Senhor José de Souza fez ainda uma última pergunta: pensa o irmão que alguém irá assistir o seu culto? Ao que o Caboclo respondeu: "Cada colina de Niterói atuará como porta-voz anunciando o culto que amanhã iniciarei."

No dia seguinte, na rua Floriano Peixoto, 30, em Neves, município de São Gonçalo, Estado do Rio de Janeiro, o Caboclo baixou. Na sala de jantar da família Morais, às 20 horas do dia 16 de novembro de 1908, um grupo de curiosos kardecistas e dirigentes da Federação Espírita de Niterói estavam presentes para ver como seriam estas incorporações, para eles indesejáveis ou injustificáveis.

Logo após a incorporação, o Caboclo foi atender um paralítico, curando-o imediatamente. Várias pessoas doentes ou perturbadas tomaram passes e algumas se disseram curadas. O diálogo do Caboclo das Sete Encruzilhadas, como passou a ser chamado, havia provocado muita especulação e alguns médiuns que haviam sido banidos das mesas kardecistas, por haverem incorporado caboclos, crianças ou pretos velhos, se solidarizam com aquele garoto que parecia não estar compreendendo o que lhe acontecia e que de repente se via como líder de um grupo religioso, obra essa que só terminaria com a sua morte, mas que suas filhas Zélia de Morais e Zilméia de Morais prosseguiram com o mesmo afã.

No final dessa reunião o Caboclo ditou certas normas para a sequência dos trabalhos, inclusive atendimento absolutamente gratuito, uso de roupas brancas simples, sem o uso de atabaques nem palmas ritmadas, sendo os cânticos baixos e harmoniosos. A esse novo tipo de culto que se estruturava nessa noite ele denominou de Umbanda, que seria *a manifestação do espírito para a caridade*. Posteriormente reafirmou a Leal de Souza que Umbanda era uma linha de demanda para a caridade. Deve-se ressaltar que inicialmente o Caboclo chamou o novo culto de Alabanda. Em 1909, substiuiu-o por Aumbanda, ou seja, Umbanda.

Uma das tarefas mais importantes dos pioneiros do Movimento Umbandista da época era separar *o joio do trigo*, elucidando os novos adeptos sobre as diferenças entre Umbanda, Kardecismo e Macumba. Muitas confusões ocorriam na cabeça dos recém-chegados ao Movimento Umbandista, principalmente pela generalização desses cultos em torno do termo *Macumba*. Tínhamos uma nova religião cujas sessões ocorriam em uma mesa com a manifestação dos espíritos kardecistas e alguns Pretos Velhos e Caboclos, com pouca dinâmica para Zélio e o seu grupo.

Zélio e seus seguidores pertenciam aos setores médios da sociedade da época. Eram trabalhadores do comércio, funcionários públicos, oficiais militares, profissionais liberais, jornalistas, professores, advogados e alguns operários especializados. Nenhum deles era negro.

Brown[60] cita que:

---

60. *Uma história da Umbanda no Rio.*

> *Muitos integrantes deste grupo de fundadores eram, como Zélio, kardecistas insatisfeitos, que empreenderam visitas a diversos centros de "macumba" localizados nas favelas dos arredores do Rio de Janeiro e de Niterói. Eles passaram a preferir os espíritos e divindades africanas e indígenas presentes na "macumba", considerando-os mais competentes do que os altamente evoluídos espíritos kardecistas na cura e no tratamento de uma gama muito ampla de doenças e outros problemas. Eles achavam os rituais da "macumba" muito mais estimulantes e dramáticos do que os do Kardecismo, que comparados aos primeiros lhe pareciam estáticos e insípidos. Em contrapartida, porém, ficavam extremamente incomodados com certos aspectos da "macumba". Consideravam repugnantes os rituais africanos que envolviam sacrifícios de animais, a presença de espíritos diabólicos (Exus), ao lado do próprio ambiente que muitas vezes incluía bebedeiras, comportamento grosseiro e a exploração econômica dos clientes.*

Este grupo apropriou-se do ritual da Macumba, deu-lhe uma nova estrutura, e, articulando um novo discurso, iniciou ao processo conhecido como "legitimação da Umbanda". Os terreiros de Umbanda passaram a expressar as preferências e aversões do grupo, fato que se refletiu no Primeiro Congresso Brasileiro do Espiritismo de Umbanda, em 1941, onde havia uma nítida preocupação com a criação de uma Umbanda desafricanizada, havendo um grande esforço no sentido de "purificar" ou "branquear" a Umbanda, desvinculando-a da África "primitiva" ou "bárbara".

Para Malandrino[61] a Umbanda foi se apropriando e ressignificando os elementos da Macumba por meio da reconstrução interpretativa das tradições africanas, kardecistas, católicas, indígenas e orientais.

A Macumba pode ser entendida também como um sistema simbólico que influenciou a ritualística da Umbanda. Apesar de a Macumba preservar tradições africanas, não era eficiente no que tange à inserção social dos negros libertos, que viviam em condições de marginalidade, procurando recursos de adaptação de sua cultura na sociedade urbana. Malandrino[62] enfatiza que a Umbanda, por sua vez, é uma reorganização social, uma religião institucional, que possibilita a inserção social, mantendo algumas tradições africanas, mesmo que sincretizadas e ressignificadas.

Gradativamente, nos terreiros de Umbanda, foram sendo assimilados os rituais, as imagens dos santos católicos e os Orixás cultuados nas macumbas cariocas. Na Tenda Nossa Senhora da Piedade nunca foram utilizados os atabaques e as palmas nos pontos cantados. As velas e as roupas eram brancas. Também nunca foram feitos sacrifícios de animais.

Ocorreu então uma aceitação seletiva das tradições afro-brasileiras. Brown[63] cita:

---

61. *Macumba e Umbanda*: aproximações.

62. *Macumba e Umbanda*: aproximações.

63. *Uma história da Umbanda no Rio.*

Por exemplo, dois dos elementos principais retirados das tradições afro-brasileiras constituíram os espíritos centrais da Umbanda, os Caboclos e os Pretos Velhos. No entanto, os Pretos Velhos, celebrados como as presenças africanas mais significativas na Umbanda, são escravos, subjugados e aculturados à vida brasileira, muito embora práticas associadas com africanos não aculturados fossem rejeitadas desta forma de prática da Umbanda.

A convergência, na Umbanda, dos símbolos católicos (ibéricos), africanos e dos indígenas brasileiros trouxeram importantes componentes para uma identidade cultural nacional brasileira.

Figura 7: Trabalhos de desobsessão na mesa da Tenda Nossa Senhora da Piedade na década de 1970.
Fonte: Acervo pessoal do autor.

Exu
(Èṣù)

1. INTRODUÇÃO

O povo Yorubá sempre teve uma firme e complexa visão de seu próprio mundo, onde o Mundo Natural, o *Àiyé*, mantinha uma relação direta com o Mundo Sobrenatural, o *Òrún*. Os dois mundos se complementam. Para eles, a religião está no centro da vida e se expressa por si só em diversos sentidos: constitui o tema dos cânticos, mitos e provérbios que constituem a base de sua filosofia de vida.

Para eles, esses dois planos da Existência não são assim tão diferentes, pois as divindades já viveram sobre a Terra, o *Àiyé*, quando aqui estiveram para colocar em prática as determinações de *Olódùmarè*[64] para criar o mundo material. A tradição religiosa Yorubá diz que tudo que existiu ou existe no *Àiyé*, foi plasmado no *Òrún*.

Os mitos são narrativas que possuem um forte componente simbólico. Como os povos da antiguidade não conseguiam expli-

---

64. O Deus Supremo.

car os fenômenos da natureza, por meio de explicações científicas, criavam mitos com este objetivo: dar sentido às coisas do mundo. O mito funciona como ponto de equilíbrio entre o sagrado e o profano. De acordo com Farjani:[65]

> *O mito é um ingrediente vital da civilização humana; longe de ser uma fabulação vã, ele é, ao contrário, uma realidade viva, à qual se recorre incessantemente; não é absolutamente uma teoria abstrata ou uma fantasia artística, mas uma verdadeira codificação da religião primitiva e da sabedoria prática.*

Carmem Junqueira explica que:

> *Todos os povos têm um mundo invisível, uma ampliação da realidade, que coexiste lado a lado com a ciência, a tecnologia e, é claro, as artes. Às vezes ele é uno e partilhado por todos, como nas sociedades tradicionais, ao contrário do mundo moderno, onde classes, grupos ou segmentos sociais podem dar formas diferentes às expressões imaginárias. Mas em ambos "a vida é vivida em um plano duplo: desenrola-se como existência humana e, ao mesmo tempo, participa de uma vida transumana, a do cosmos ou dos deuses".[66]*

---

65. *A linguagem dos deuses.*

66. *O mundo invisível.*

O mito é uma das formas de se interpretar a realidade, tão boa quanto a Ciência, a Filosofia e a Arte. Vela em seu cerne verdades profundas. Um exemplo vivo disso são as crenças do povo yorubá que possuem uma verdadeira mitologia bem complexa, com a divinização dos elementos e fenômenos naturais. Nesta ordem de ideias, a concepção mais elevada, aquela em que mais se revela a sua capacidade de abstração religiosa, é a divinização do firmamento.

Um dos mitos yorubá diz que o nosso planeta foi, certa vez uma pantanosa imensidão. Beniste[67] diz que acima havia o éter, o espaço celestial, denominado *Órún*, que era a morada de *Olódùmarè*, dos *Òrìsà*[68] e de outros seres primordiais.

Com *Olódùmarè* conviviam diversos *Òrìsà*; entre eles *Obàtálá* (*Òsàlá*), *Òrúnmilà*, *Èsù*, *Ògún* e *Agémo*, o camaleão, criado de confiança de *Olódùmarè*. Na região inferior vivia *Olókun*, a divindade feminina que governava a ampla extensão de água e os pântanos.

Em determinado momento da eternidade, *Obàtálá*, observando com muito carinho essa dimensão, percebeu que aquela região nada tinha de algo vivo, além de ser muito monótona. Conversou com *Olódùmarè* e falou sobre a sua percepção sobre o tema, e disse que se houvesse terra firme, campos, matas, vales etc., poderia ser habitado pelos *Òrìsà* e outras formas de vida. *Olódùmarè* acedeu ao pedido de *Obàtálá* e disse que cobrir as águas com terra era uma grande tarefa e perguntou: quem poderia realizar essa tarefa? *Obàtálá* respondeu prontamente que ele poderia realizar a operação.

---

67. *Mitos Yorubás*: o outro lado do conhecimento.

68. Orixás.

Ọbàtálá recebeu de Olódùmarè incumbência de criar o mundo com o poder de sugerir e de realizar. Recebeu o *apo-iwa*, saco da criação, de Olódùmarè. O poder que lhe havia sido confiado não o liberava de se submeter a determinadas regras e respeitar diversas obrigações como os outros Òrìṣà. Foi procurar Òrunmilá, que detinha os segredos da existência, e recebeu as instruções para realizar tal tarefa: você deve levar uma concha cheia de terra, uma galinha branca de cinco dedos em cada pé e um pombo. Orientou Ọbàtálá no sentido de fazer as necessárias oferendas a Èṣù antes do início da empreitada. Em razão de sua arrogância e achando-se superior a Èṣù, recusou-se a fazer as oferendas antes de iniciar sua viagem para criar o mundo das formas e seguiu para concretizar sua tarefa.

Seguiu o seu caminho apoiado em seu cajado de estanho, o *òpásóró*. No momento de ultrapassar a porta do Órún, encontrou Èṣù que tinha, como uma de suas obrigações, fiscalizar as comunicações entre os dois mundos. A recusa de Ọbàtálá em realizar os sacrifícios e oferendas causou grande descontentamento a Èṣù, que se vingou fazendo-o sentir uma sede intensa. Para saciar a sede, Ọbàtálá furou, com seu *òpásóró*, a casca do tronco de um dendezeiro. O emu[69] vertido do tronco foi bebido por ele com grande sofreguidão, ficando ébrio e sem saber onde estava, logo caindo em sono profundo. Èṣù aproveitou o momento e roubou-lhe o *apo-iwa*, e dirigiu-se a Olódùmarè para mostrar-lhe o estado de Ọbàtálá.

---

69. Vinho de palma.

Verger[70] cita que *Olódùmarè*, desencantado com as ações de *Ọbàtálá*, confiou a *Odùdúwà* a tarefa de *Ọbàtálá* e disse: *se ele está nesse estado, vá você, Odùdúwà! Vá criar o mundo! Odùdúwà* saiu assim do *Òrún* e se encontrou diante de uma extensão ilimitada de água. Deixou cair a substância marrom contida no saco da criação. Era a Terra. Formou-se, então, um montículo que ultrapassou a superfície das águas. Ele colocou uma galinha cujos pés tinham cinco pés. Esta começou a ciscar e a espalhar a terra sobre a superfície das águas. Onde ciscava, cobria as águas, e a terra ia se alargando cada vez mais. *Odùdúwà* aí se estabeleceu, seguido pelos outros *Òrìṣà*.

Quando *Ọbàtálá* despertou, não mais encontrou a seu lado o *apo-iwa*. Alimentando grande despeito, voltou a *Olódùmarè*. Este, como castigo pela sua bebedeira, proibiu-o, assim como todos de sua família, os *Òrìṣà* funfun ou *Òrìṣà* brancos, beber vinho de palma e mesmo de usar azeite de dendê. Confiou-lhe, entretanto, como consolo, a tarefa de modelar no barro o corpo dos seres humanos, aos quais ele, *Olódùmarè*, insuflaria a vida.

Ọbàtálá aceitou essa incumbência, porém, não levou a sério a proibição de beber, e nos dias em que se excedia no emu, os seres humanos saíam de suas mãos com vários defeitos físicos. Alguns eram retirados do forno antes da hora, e suas cores eram muito pálidas (albinos). Vem daí o fato de os albinos serem adoradores de *Ọbàtálá*.

Sentindo muito remorso, em determinado momento, disse: *nunca mais beberei emu*. Serei sempre o protetor de todos os humanos defeituosos ou que tenham sido criados imperfeitos.

---

70. *Orixás.*

Conforme Beniste[71], todos viviam uma vida pacífica em torno de *Ọbàtálá*, que era o seu rei e orientador. Mesmo sem as ferramentas adequadas, pois ainda não existia o ferro no mundo, o povo plantava e semeava. As árvores se multiplicavam, e o povo crescia juntamente com a cidade de Ifé,[72] seguindo tudo conforme a sua determinação. Assim, *Ọbàtálá* decidiu voltar ao *Òrún*, tendo sido preparada uma grande festa para a sua chegada. Ali, junto aos outros *Òrìṣà*, ele relatou as coisas existentes no novo mundo e todos se mostraram decididos a conviver com os seres humanos criados. Assim, muitos *Òrìṣà* dirigiram-se para a Terra, mas não sem antes ouvir as recomendações de *Olódùmarè* no sentido de efetuar suas obrigações. *Ọbàtálá* foi o primeiro que desceu e secou as águas. Ele tornou-se o eterno e supremo governante deste mundo.

Após a criação da Terra, *Olódùmarè* determinou a ocupação de todos os pontos pelos seus representantes, os *Òrìṣà*, e orientou-os da seguinte forma: *nunca se esqueçam de seus deveres e obrigações com os seres humanos.* Atendam os seus anseios e necessidades, pois vocês são os protetores da raça humana. Assim, todos os *Òrìṣà* ocuparam seus postos, submissos à vontade de *Olódùmarè*.

---

71. *Mitos Yorubás*: o outro lado do conhecimento.

72. A cidade de Ilê-Ifé é considerada pelos *yorubas* o lugar de origem de suas primeiras tribos. *Ifé* é o berço de toda religião tradicional *yorubá* (a religião dos *Òrìṣà*, é um lugar sagrado, aonde os deuses ali chegaram, criaram e povoaram o mundo e depois ensinaram aos mortais como os cultuarem, nos primórdios da civilização.

2. CARACTERÍSTICAS E ASPECTOS MITOLÓGICOS DO *ÒRÌṢÀ ÈṢÙ* OU *ELÉGBÁRA*

*È*ṣù ou *Elégbára*[73] é um dos *Òrìṣà* que veio do *Òrún* para o *Àiyé* para harmonizar a vida dos seres humanos e possam viver em paz. É um *Òrìṣà* de múltiplos aspectos, o que torna difícil defini-lo de forma coerente. *Èṣù* gosta muito de provocar brigas, disputas, acidentes, calamidades públicas e pessoais. Verger[74] cita que ele é astucioso, grosseiro, vaidoso e indecente.

Santos[75] aponta que *Èṣù* está relacionado com os ancestrais femininos e masculinos e com suas representações coletivas, mas

---

73. O detentor da força.

74. *Orixás.*

75. *Os Nagô e a morte.*

ele também é um elemento *constitutivo*, na realidade o *elemento dinâmico*, não só de todos os seres sobrenaturais, como também de tudo o que existe. *Olódùmarè* criou *Èṣù* como um medicamento de poder transcendental apropriado para cada pessoa, ou seja, cada um detém o seu próprio medicamento de poder transcendental e pode utilizá-lo como achar mais apropriado. Da forma como *Olódùmarè* criou *Èṣù*, ele deve resolver tudo o que possa aparecer e isso faz parte de sua tarefa e de suas obrigações. Ele deve existir com tudo e morar com cada pessoa e dirigir os seus caminhos da vida.

O arquétipo de *Èṣù* é muito comum entre os humanos, onde é muito grande o número de pessoas bipolares, simultaneamente boas e más, porém com uma inclinação para a maldade, corrupção e desregramentos morais. As pessoas influenciadas por *Èṣù* apresentam caráter variável podendo, a um só tempo, ter boa compreensão dos problemas alheios e serem bons conselheiros, procurando fazer tudo certo. No entanto, podem decidir fazer tudo errado. São pessoas fortes e obstinadas, desordeiras, ciumentas, intrigantes e brincalhonas. Gostam de fiscalizar a vida alheia e resolver encrencas ao seu redor.

No entanto, *Èṣù* também funciona de forma positiva e, quando tratado adequadamente, responde favoravelmente, mostrando-se participativo. Por outro lado, quando as pessoas se esquecem de fazer os ebós e oferendas, ele responde de forma muito contundente. Por isso *Èṣù* é considerado o mais humano dos *Òrìṣà*, pois o seu caráter é semelhante ao do ser humano, em geral muito mutante em suas ações e atitudes.

Èṣù é um princípio. Pertence e participa de todos os domínios cósmicos e humanos. Ele representa e transporta o *àṣẹ* que assegura a existência dinâmica permitindo o acontecer e o devir, mantendo a intercomunicação entre os diferentes domínios do Universo. É o representante deste *àṣẹ* encontrado em todos os elementos, definindo a ação e a estrutura destes. *Èṣù* executa o transporte dessa força. O universo africano é concebido como energia expressa no conceito de força vital. A força vital é única e várias são as suas manifestações, sendo transmitidas por intermédio de *Èṣù* aos seres e domínios do Universo.

Verger[76] cita que, como personagem histórica, *Èṣù* teria sido um dos companheiros de *Odùdúwà*, quando chegou à cidade de Ifé, e era chamado *Èṣù Ọbasin*. Tornou-se, mais tarde, um dos assistentes de *Ọ̀rúnmilà Ifá*. Epega[77] diz que *Èṣù se* tornou Rei de Keto sob o nome de *Èṣù Alákétu*.

Èṣù é o *Òrìṣà* da comunicação. É o guardião das aldeias, cidades, casas e do *àṣẹ*, das coisas que são feitas e do comportamento humano. A palavra *Èṣù* em yorubá significa "esfera" e, na verdade, *Èṣù* é o *Òrìṣà* da ação e do movimento. Ele é quem deve receber as oferendas em primeiro lugar a fim de assegurar que tudo corra bem e de garantir que sua função de mensageiro entre o *Órún* e o *Àiyé*, mundo material e espiritual, seja plenamente realizada.

Èṣù é o mais sutil e astuto de todos os *Òrìṣà*. Quando as pessoas estão em falta com ele, provoca discussões entre elas e prepara-lhes diversas armadilhas. Um oríkì[78] diz que: "*Èṣù* é capaz de carregar o óleo que comprou no mercado em uma simples

---

76. *Orixás.*

77. *The mistery of the yoruba gods.*

78. Os Oríkì são versos, frases ou poemas que são formados para saudar o *Òrìṣà* referindo-se a sua origem, suas qualidades e sua ancestralidade.

peneira sem que este óleo se derrame". E assim é *Èṣù*, o *Òrìṣà* que faz: transforma o erro em acerto e vice-versa.

Nos mitos da concepção do universo, a protoforma da matéria é *Èṣù Yangi*. Sobre esses mitos, Itaoman[79] explica que no princípio nada mais existia que uma massa infinita de ar, terra e água; movendo-se lentamente, uma parte dessa massa formou a lama. Dessa lama, originou-se um rochedo avermelhado[80] sobre o qual soprou *Olórún*, insuflando-lhe o hálito da vida. Assim, surgiu a primeira forma dotada de existência individual: *Èṣù Yangi*, tornando-se o símbolo por excelência do elemento procriado e o primogênito da humanidade.

Na África, isto é simbolizado por uma espécie de caracol — o *okotô* — que possui uma estrutura calcária espiralada. O simbolismo de seu processo de crescimento está em que a sua estrutura começa de um ponto e desenvolve-se espiralmente, abrindo-se mais e mais a cada volta, até se converter numa elíptica aberta para o infinito. Assim, toda a criação está ligada a *Èṣù* e é compulsório a cada criatura existente.

Santos[81] estabelece, por meio da análise dos mitos sobre a divindade, a associação entre *Èṣù Yangi* e a sua atividade como *Èṣù Ójisẹ*, portador e entregador de sacrifícios, símbolos da restituição.

> *No Itan* Atòrun dòrun Èṣù, *é o filho que devorou todos os alimentos da terra e se multiplicou*

---

79. *Pemba: a grafia sagrada dos Orixás.*

80. Laterita vermelha.

81. *Os Nagô e a morte.*

povoando o Àiyé e o Òrún. Compromete-se a exigir a devolução de tudo que foi devorado sob a forma de ebó,[82] os quais deverão ser efetuados por todos os seres que povoam os dois mundos...

... É a devolução que permite a multiplicação e o crescimento. Tudo aquilo que existe de forma individualizada deverá restituir tudo a que o filho protótipo devorou.

Dessa forma, o significado simbólico da oferenda a *Èṣù* é manter a harmonia do Cosmos e a integridade da cada ser humano por meio da absorção e restituição do *àṣẹ* pela Divindade, ou seja, é o símbolo do princípio da existência individual.

O culto de *Èṣù* não repete o modelo dos cultos dos outros *Òrìṣà*. Acompanhante e elemento inseparável de todos os seres naturais, deve ser cultuado junto de cada um deles. Todos os seres humanos, templos, terreiros, independentemente do *Òrìṣà* protetor, deve preceituar seu respectivo *Èṣù*. Nenhum *Òrìṣà* movimenta suas forças e energias sem o seu *Èṣù*.

2.1. QUALIDADES OU ATRIBUTOS DO ÒRÌṢÀ ÈṢÙ

Èṣù Obasin (Èṣù Biyi)

Alguns dos mitos yoruba relatam que Èṣù foi um dos companheiros de *Odùdúwà* quando da sua chegada a Ifé e era chamado de Èṣù Obasin. Posteriormente, tornou-se um dos assistentes de

---

82. Oferenda propiciatória, sacrifício.

Orunmilá e também Rei de Ketu, com o nome de Èṣù Alákétú. Nas oferendas para Ifá ele participa comendo junto, pois foi ele que teve a incumbência de levar a oferenda para Ifá.

Èṣù Yangi

É o Èṣù ancestral, o primeiro da criação, simbolizado pelo mineral laterita vermelha. É o início de tudo, a própria memória de Olódùmarè, seu criador. Èṣù Yangi foi dividido em diversas partes segundo os seus mitos, por isso se manifesta em todos os cultos terrenos das mais variadas formas.

Èṣù Àgbá ou Èṣù Agbo

É o Pai Ancestral, a representação coletiva de todos os Èṣù individuais. É o guardião do sistema divinatório de Òrunmilá.

Èṣù Igba Keta

É o terceiro criado por Olódùmarè, o dono da cabaça, o Igba Odu. É o terceiro aspecto mais importante de Èṣù que está ligado ao número três, a terceira cabaça em que ele é representado pela figura de barro junto aos elementos da criação.

Èṣù Òkòtó

É o dono da evolução. O Òkòtó (caracol), elemento que é utilizado nos seus assentamentos, representa o crescimento Agbárá — poder que possibilita a cada ser humano se mobilizar e desenvolver suas funções e seus destinos. Está ligado ao Òrìṣà Ajé Ṣaluga, divindade da riqueza dos Yorubá.

Èṣù Odara

É considerado aquele que guia, que mostra o caminho, que vai na frente. É aquele que, quando satisfeito por meio do sacrifício, transmite a felicidade a quem fez o sacrifício. Por isso é também conhecido como o senhor da felicidade.

Èṣù Ójisé Ebó

É o mensageiro, aquele que leva as mensagens ao Òrìṣà. É aquele que transporta as oferendas. Ele inspeciona todos os sacrifícios rituais e recomenda sua aceitação, encaminhando os pedidos a Olódùmarè.

Èṣù Eleru

É o Èṣù que domina e transporta os carregos rituais dos iniciados. É conhecido como o senhor da obrigação ritual ou carregador de ebós.

Èṣù Enugbarijo

É o que fala em nome de todos os Òrìṣà. É o explicitador de mensagens, aquele que fala e traz as respostas. É conhecido também como a boca coletiva e aquele que traz a prosperidade.

Èṣù Elégbára

É o senhor do poder da transmutação. É o todo-poderoso que transforma o mal em bem, cujo poder reside na transformação das coisas. É o companheiro de Ogun. É representado por um pequeno monte de terra ou argila na forma de homem.

Èṣù Bara

É o senhor do movimento do corpo humano, vertido no corpo pré-humano, no Òrún por Ọbàtálá. Por isso, quando da iniciação, é assentado junto com o Ori e o Òrìṣà individual do neófito. Recebe também a denominação de "Rei do Corpo" (Oba + Ara).

Èṣù Lonan

É o senhor dos caminhos do mundo. É o dono da ruas, das estradas, das porteiras e dos barracões. Recebe oferendas com a finalidade de abrir caminhos.

Èṣù Olobé

É o senhor da faca ritualística e de todos os objetos de corte. Deve ser reverenciado antes do início de todos os sacrifícios, em que a faca é utilizada.

Èṣù Elebó ou Èṣù Eleru

É o Èṣù que recebe as oferendas, o portador e o mensageiro. É sempre o primeiro a ser invocado.

Èṣù Odusô ou Èṣù Olodu

É o vigilante dos oráculos. Vigia o Babalawo para que ele não minta.

Èṣù Elepo

É o Èṣù que recebe o sacrifício do azeite de dendê.

Èṣù Iná

Uma das mais importantes cerimônias nos ritos afro-brasileiros é o padê ou pahande. Èṣù Iná é associado ao fogo e deve ser invocado neste ritual, pois preside o padê.

Èṣù Lalu

É o Èṣù urbano e é cultuado em muitas cidades grandes. É o Èṣù dos caminhos de Ọbàtálá, mas vem, também, para outros Òrìṣà.

3. A KIMBANDA

Pellizari[83] explica que Kimbanda[84] significa algo como "curandeiro" em *kimbundu*, um idioma banto falado em Angola. O Kimbanda é uma espécie de xamã africano, o grão-sacerdote, a um só tempo médico, adivinho e feiticeiro. Ramos[85] cita que em Angola há uma distinção entre o *Kimbanda Kia Diamba*, o verdadeiro chamador ou invocador dos espíritos e o *Kimbanda Kia Kusaka*, ou feiticeiro que cura doenças. Costumam, ainda em algumas regiões de Angola, fazer a distinção entre o *Nganga* ou *Ganga* (derivada de *Ngana*, senhor) que seria o cirurgião principal, o verdadeiro sacerdote, e o *Quibanda*, ou feiticeiro da localidade. Na África, o Kimbanda faz a ponte entre os Makungu (ancestrais divinizados), os Minkizes (espíritos sagrados da Natureza) e os seres humanos. O ponto de Pai Antonio evidencia a atuação de um Kimbanda:

---

83. *Kimbanda e Quimbanda* (texto).

84. *Ki-mbanda*.

85. *O negro brasileiro*.

Dá licença, Pai Antonio
Que eu não vim lhe visitar...
Eu estou muito doente
Vim pra você me curar...
Se a doença for feitiço
Pula lá em seu congá
Se a doença for de Deus
Pai Antonio vai curar!

Coitado de Pai Antonio
Preto Velho curador
Foi parar na detenção
Por não ter um defensor
Pai Antonio é Kimbanda
É curador!
É Pai de mesa (bis)
É curador (bis)
Pai Antonio é Kimbanda
É curador!

Os negros bantos trouxeram para o Brasil sua herança espiritual, inclusive a prática magística denominada Kimbanda. Não devemos confundir a Kimbanda com a Quimbanda, um culto afro-brasileiro com forte influência banto e permeado pela magia negra europeia. O quimbandeiro trabalha com entidades que em vida foram feiticeiros, malandros, mercadores, homens ou mulheres comuns etc.

Omotobàtálá[86] fez uma interessante interpretação da gênese do Universo segundo a mitologia da Kimbanda. Vamos nos deter apenas no tocante a Exu. No início só existia Nzambi, o incriado, senhor de todos os segredos. Nzambi era uma grande massa semimaterial armazenada de forma latente e prestes a explodir a qualquer momento. Decidiu que se encontrava em estado de maternidade e repentinamente produziu milhões de partículas de matéria que giravam no sentido anti-horário a partir do centro, criando assim o Universo. Nzambi transformou-se em Ngombi, o Universo visível. Cada pequeno pedaço de matéria transformou-se em um planeta, uma estrela etc.

A partir de então começaram a separar-se todos os componentes do Universo, tornando-se cada vez mais extenso. Por isto Nzambi decidiu que devia criar um Ser para percorrer os distintos espaços. Começou a concentrar-se em um ponto fixo e deu vida a Exu ou Aluvaiá. Exu foi criado como par, homem e mulher ao mesmo tempo, igual a Nzambi. No momento de sua criação, com uma pequena parte de Nzambi, deu-lhe sete faculdades especiais:

1. Para que possas percorrer os espaços vazio onde eu mesmo não posso chegar, te dou a chave que abre os limites entre um espaço e outro, entre a luz e a escuridão, o quente e o frio...
2. Dou-te a liberdade de escolher entre o bem e o mal...
3. Terás o conhecimento de tudo e a memórias de todas as coisas a partir do teu nascimento, podendo enriquecer teu conhecimento com experiências próprias...

---

86. *Reino de Kimbanda.*

4. Concedo-te o poder de criar seres precipitando tua própria energia sobre a matéria inerte...

5. Poderás viajar no tempo, podendo deste modo saber o passado e o futuro de todo ser inferior a ti, mas não teu próprio futuro...

6. Possuirás a inteligência de entender a qualquer tipo de criatura inferior ou superior a ti...

7. Em caso de necessidade, poderás dividir-te a ti mesmo, criando seres semelhantes a ti, porém inferiores em poderes e faculdades. Tem cuidado com isto, pois uma vez que te dividas, não poderás voltar a unir-te, pois este segredo está comigo.

Exu tinha a missão de percorrer todos os espaços onde Nzambi não podia chegar, especialmente na zona onde reinava a escuridão, e como Nzambi era uma grande Luz, nunca podia ver as sombras. Exu foi feito de uma cor vermelho-escura que continha um número inimaginável de partículas em movimento que brilhavam como as brasas. Este tipo de coloração lhe permitia estar em qualquer espaço de luz ou de trevas.

Após algum tempo de percorrer espaços escuros, Exu começou a sentir-se vaidoso e decidiu que não voltaria mais para perto de Nzambi, coroando-se a si mesmo como o *Rei das Zonas Escuras*.[87]

Com o tempo percebeu que estava só, e, querendo igualar-se a Nzambi, criou sete seres a partir de si mesmo, outorgando a cada um os seus poderes e faculdades, porém com menor intensidade. Disse-lhes então: vocês foram criados para que cada um seja responsável por um espaço, já que há sete dimensões distintas e

---

87. Nota-se aqui uma certa similaridade com a rebelião de Lúcifer.

esta é a forma de estar em todas elas ao mesmo tempo. Cada um dos sete seres corou-se a si mesmo Rei de um espaço. Nasceram assim os primeiros sete reis coroados da mitologia da Kimbanda:

1. Rei das Sete Encruzilhadas/Rainha das Sete Encruzilhadas
2. Rei dos Sete Cruzeiros/Rainha dos Sete Cruzeiros
3. Rei das Sete Liras/Rainha Maria Padilha
4. Rei da Kalunga/Rainha da Kalunga
5. Rei das Almas/Rainha das Almas
6. Rei das Matas/Rainha das Matas
7. Rei das Praias/Rainha das Praias

Cada reino estava dividido em sete regiões e cada um dos reis decidiu dividir-se a si mesmo em sete para poder estar em todos ao mesmo tempo. O poder de Exu, para dividir-se, tinha como consequência que cada uma das partes novas que iam se separando dividiam-se em sete, e a divisão continuou como uma reação em cadeia. Isso continuou até que os últimos não tiveram energia suficiente para dividir-se, nem poderes. Nesse momento cessou a divisão e começaram a ser criados os seres humanos.

O termo Kimbanda também pode ser interpretado como a polaridade executora da Lei — A Paralela Passiva da Umbanda. Não é sinônimo de Magia Negra como se apregoa por aí. Tais ritos praticados com o nome de Kimbanda são próprios da Quimbanda e deveriam, na verdade, ser chamados de Kiumbanda.

Matta e Silva[88] explica que a Kimbanda é composta de Legiões de espíritos, na fase de elementares, ou seja, dos espíritos em

---

88. *Umbanda do Brasil.*

evolução dentro de certas funções kármicas e das condições que lhes são próprias.

A Kimbanda é comandada pelos Exus Guardiões, espécie de *polícia de choque* para o baixo astral, que combatem as legiões de seres espirituais insubmissos,[89] que estão debaixo do seu comando. Esses Exus Guardiões da Lei Kármica são executores diretos das Entidades Superiores, tais como Caboclos, Pretos Velhos e Crianças. Seus comandados podem atuar em um médium com a finalidade de que o mesmo só trabalhe com determinado Exu. Quando isto ocorre, dizemos que é um Kimbandeiro, mas não no sentido inferior que lhe atribuem. Por meio de métodos mais densos, esse Exu e o seu médium podem praticar o bem. Apenas neste caso, por afinidade, tem a proteção e a cobertura de um Exu de verdade que, embora em planos inferiores, vai incrementando em seu médium a evolução de modo lento e gradual.

No entanto, na maioria das vezes, não é isso que ocorre. Médiuns que trabalham com um Caboclo ou com um Preto Velho, de repente, descambam no intuito de conseguir vida fácil por meio da mediunidade. Rapidamente chama sua atenção o trabalho do Exu que lhes assiste.

Passam a incorporar cada vez mais Exu, até o momento de não mais realizarem giras de Caboclo e Preto Velho. Pensam que Exu lhes dá destaque e traz dinheiro fácil, pois os consulentes, não tendo tempo para adquirir o material necessário, pagam diretamente ao médium, que começa a utilizar o dinheiro para outros fins.

---

89. Kiumbas – Espíritos atrasados de todas as classes, muitas dessas até compostas pelos que ainda não encarnaram uma só vez. São chamados também de *rabos de encruza*. São perigosos quando mistificam os Caboclos, Pretos Velhos e Crianças etc., e mesmo os próprios Exus. São os marginais do Astral.

Apesar dos constantes alertas do Caboclo e do Preto Velho persiste no erro e começa a perder a *sintonia fina* necessária para o contato com essas Entidades e o Exu Guardião, entrando em sintonia vibratória com Exus de planos inferiores, com os quais já faz contato mais fácil. Nesse terreiro continuam as imagens que representam os Orixás e até Oxalá, mas quem manda mesmo é o tal Exu que se sintonizou com o médium. O nível dos trabalhos vai baixando até chegar na Quimbanda, na Bruxaria etc.

Com estas atitudes vai decaindo também na saúde, chegando às vezes a adentrar no mundo das drogas e do alcoolismo, além do caos familiar e das quedas morais, um exemplo típico de alguém que foi rejeitado pelo cósmico em virtude da violação das leis do Universo. Na ilusão de crescer e subir, fica aprisionado em seu próprio desespero. Torna-se vítima de suas obsessões, pois a vaidade, a tentação de procurar poder e a ânsia pela popularidade levam-no à queda espiritual, material e física, e começa a receber os choques de retorno. Geralmente costuma ser assim o fim desses médiuns.

4. EXU! PODER E PERIGO!

Exu é aquele que faz o mal e o bem, sem nenhum constrangimento.

Ele tinha que vir, se existisse. Naquela hora, existia. Tinha de vir demorão ou jájão. Mas em que formas? Chão de encruzilhada é posse dele, espojeiro de bestas na poeira rolarem. De repente, com catrapuz de sinal, ou momenteiro com silêncio das astúcias, ele podia surgir para mim. Feito o Bode-Preto? O Morcegão? O Xu? E de dum lugar tão longe e perto de mim, das formas do inferno — ele já devia de estar me vigiando, o cão que me fareja. Como é possível se estar, desarmado de si, entregue ao que outro queria fazer, no se desmentir de tapados buracos e tomar pessoa? Tudo era para sobrosso, para mais medo; ah, aí é que bate o ponto. E por isso eu não tinha licença de não me ser, não tinha descansos do

ar. A minha ideia não fraquejasse. Nem eu pensava
em outras noções. Nem eu queria me lembrar de
pertencências, e mesmo, de quase tudo quanto fosse
diverso, eu já estava perdido provisório de lem-
branças; e da primeira razão, por qual era, que eu
tinha comparecido ali. E, o que era que eu queria?
Ah, acho que não queria mesmo nada, de tanto que
eu queria só tudo. Uma coisa, a coisa, esta coisa: eu
somente queria era — ficar sendo!

(João Guimarães Rosa, *Grande Sertão Veredas*)

Este é, sem dúvida, o assunto mais polêmico e confuso na Umbanda e no Candomblé, sendo raro encontrarmos opiniões iguais, pela variação de entendimento e correntes de seguidores dentro dos cultos. Os próximos parágrafos que, à primeira vista, podem parecer uma *colcha de retalhos*, é na verdade uma tentativa de mostrar as convergências e divergências entre os mais variados autores da Umbanda e Cultos Afro-Brasileiros, para alertar os amigos leitores que Exu não é algo tão simples de explicar como querem alguns pesquisadores ligeiros.

Fontenelle[90] explica que:

> *Os Exus exercem, desde os primórdios da criação*
> *do mundo, um domínio intenso sobre os homens, e,*
> *pela lei da compensação, Deus permitiu aos descen-*
> *dentes que outros elementos, cuja denominação é*
> *conhecida como entidades guias espirituais, Orixás*

---

90. *A Umbanda através dos séculos.*

etc., lutem tenazmente contra os elementos do mal, para livrar-nos das perseguições e de tudo quanto nos retarda o progresso espiritual.

Oliveira Magno[91] cita que Exu é a energia ou força primitiva; é a substância prima; é o subconsciente de Deus; é o grande fluido ou energia que tudo abrange e envolve. Entre os africanos Yorubá e Fon, o princípio dinâmico da existência cósmica e humana, é Exu.

É o representante deste *àṣẹ* encontrado em todos os elementos, definindo a ação e a estrutura desses elementos. Exu executa o transporte dessa força, mantendo a intercomunicação entre os diferentes domínios do Universo. O universo africano é concebido como energia expressa no conceito de força vital. A força vital é única e várias são as suas manifestações, sendo transmitidas por intermédio de Exu aos seres e domínios do Universo. Bastide[92] diz que Exu é a divindade dos caminhos horizontalmente ordenados no Universo, mensageiro nas relações entre os deuses e dos caminhos verticais, estabelecendo as relações entre as diferentes categorias ordenadas.

Itaoman[93] explica que os mitos da criação dos yorubá dizem que no princípio nada mais existia que *Olórún* no *Àiyé*. *Olórún* era uma massa infinita de ar, terra e água; movendo-se lentamente, uma parte dessa massa formou a lama. Dessa lama, originou-se um rochedo avermelhado sobre o qual soprou *Olórún*, insu-

---

91. *A Umbanda Esotérica e Iniciática.*

92. *O Candomblé da Bahia.*

93. *Pemba:* a grafia sagrada dos Orixás.

flando-lhe o hálito da vida. Assim, surgiu a primeira forma dotada de existência individual: **Exu Yangi**, tornando-se o símbolo por excelência do elemento procriado. Por se relacionar com o infinito, ele é o Mensageiro Divino, o **Exu Ójisé**.

Na África, isto é simbolizado por uma espécie de caracol — o okotô — que possui uma estrutura calcária espiralada. O simbolismo de seu processo de crescimento está em que a sua estrutura começa de um ponto e se desenvolve espiralmente, abrindo-se mais e mais a cada volta, até se converter numa elíptica aberta para o infinito. Assim, toda a criação está ligada a Exu e é compulsório que cada criatura existente, além de seu Anjo, tenha também o seu Exu individual ou **Exu Bara**.

A ação magística de Exu tem forte implicação na superação de conflitos individuais, sendo a forma encontrada pelos seres humanos para contornar seus obstáculos. Por meio de categorias de pensamento mágico, Exu explica as contradições sociais e individuais, racionalizando ao nível do imaginário as irracionalidades das estruturas sociais.

No culto de Ifá, traduz aos homens a palavra dos deuses. Em algumas versões dos mitos Yorubá, Exu é também considerado o filho mais jovem de Yemanjá. Juana dos Santos[94] estabelece por meio da análise dos mitos sobre a divindade, a associação entre Exu Yangi e a sua atividade como Exu Ójisé, portador e entregador de sacrifícios, símbolos da restituição.

Dessa forma, o significado simbólico da oferenda a Exu é manter a harmonia do Cosmos e a integridade da cada ser humano

---

94. *Os Nagô e a morte.*

por meio da absorção e da restituição do *àṣẹ* pela Divindade, ou seja, é o símbolo do princípio da existência individual.

João de Freitas[95] cita que o *pahande*[96] de Exu é algo transcendente e não está ao alcance de qualquer um. Ele simboliza a concentração de bilhões de moléculas, desses fluidos da Natureza e que se transformam em Agentes Astrais denominados Exus pela terminologia umbandista. Comenta ainda que colocar num alguidar farofa de milho com azeite de dendê, em volta de um corpo inanimado de um animal, e juntar-lhe charutos, caixas de fósforos e cachaça não é nada. Qualquer pessoa pode fazê-lo. Pedir licença, fazer a saudação e entregar o *pahande*, satisfazendo os preceitos ritualísticos, só o ogã-de-entrega é capaz de cumprir esta missão. Enquanto o ogã executa sua tarefa, a curimba vibra com os pontos cantados e os Exus, atuam sobre as faculdades sensoriais dos médiuns.

O *pahande* de Exu, tal como foi descrito, que traduz o sentimento de gratidão das criaturas que foram beneficiadas por sua poderosa vibratória, é feitiçaria no conceito dos descrentes, e é magia negra no conceito dos ignorantes. É necessário conhecer o objetivo para o qual se concentram aqueles sentimentos, de todos os matizes, em busca da paz, da justiça e do amor. É necessário conhecer os sofrimentos humanos em toda sua extensão para compreender a finalidade de um *pahande* de Exu.

Desde o momento em que o Candomblé constituiu um nicho cultural de resistência comunitária a escravidão, a magia de Exu passou a ser usada como força protetora diante das relações sociais

---

95. *Exu na Umbanda.*

96. Padê.

conflitantes. Isto talvez explique porque os brancos identificaram Exu com o conceito católico do diabo, fazendo uma nova interpretação da concepção ocidental de feitiçaria. Se ocorreu a assimilação do conceito de diabo pela cultura negra, esta por sua vez foi reinterpretada pelas noções africanas, criando um conceito do diabo como entidade mágica e ambígua. Bastide[97] cita:

> *Primeiro, por causa da escravidão, Exu foi usado pelos negros em sua luta contra os brancos, enquanto patrono das feitiçarias. E dessa forma seu caráter sinistro se acentuou em detrimento do de mensageiro. O deus fanfarrão tornou-se um deus cruel que mata, envenena e enlouquece. Porém, esta crueldade tinha um sentido único, mostrando-se Exu, em compensação, aos fiéis negros, como o salvador e o amigo indulgente...*

> *O ebó sacrifício é ainda hoje o ebó da época servil...*

> *Como se deve lançar fora, na rua, aquele resto de padê de Exu, e como um pouco da força mística continua a palpitar no galo sacrificado, as pessoas que encontram o ebó na rua sentem medo. Alguém que o toque com o pé, se depois ficar doente, pensa que foi castigo de Deus. Deste modo, passa-se insensivelmente de ebó religioso ao ebó mágico. A força*

---

97. *O Candomblé da Bahia.*

> *maléfica de Exu é transferida ritualmente a um animal, cujo cadáver terá de ser colocado no caminho daquele a quem se deseja fazer um malefício...*

O mesmo autor mostra a diversidade das concepções sobre o processo de evolução até a demonificação de Exu:

> *... não se processa no mesmo ritmo, segundo as diversas noções. Os keto conservam fielmente a imagem africana do Exu intermediário falando pelos búzios em nome dos Orixás, divindade de orientação, garoto mais malicioso do que mau, e também protetor de seu povo. Em compensação, nas nações banto, onde a mitologia não era conhecida, e onde a magia ocupou lugar de destaque ao contrário das outras nações, esse elemento demoníaco vai se firmando na macumba carioca...*

4.1. EXU É O DIABO? QUEM SÃO OS EXUS?

Para exercer um maior domínio sobre os fiéis (contribuintes), a Igreja Católica recorreu à doutrina de Zoroastro, onde há um Céu e um inferno dirigidos pelo Deus do Bem (Orzmud) e o Deus do Mal (Ariman). Para descrever o local dos suplícios, a Igreja de Roma utilizou o *Livro dos Mortos Egípcio*,[98] onde se lê:

---

98. *O livro dos Mortos Egípcio.*

Zonas incandescentes, abismos de fogo, onde as águas de chamas são os carrascos dos condenados que habitam salas, cujo assoalho é água, cujo teto é fogo e cujas paredes são serpentes vivas, onde há grelhas e caldeiras para o suplício dos pecadores.

Platão descreve um inferno para os culpados com várias modalidades nos sofrimentos impostos aos condenados; um, a penas eternas de acordo com a gravidade dos delitos; outro, abrandado pelas suas virtudes (o purgatório católico), e outro, comutador quando o culpado conseguisse, após várias tentativas, obter, por meio de preces, o perdão daqueles a quem tivesse prejudicado na Terra.

O purgatório católico só foi inventado no final de século XIII, e a partir daí é que surgiu a *Santa Inquisição* para manter o poder do Papa. Este novo truque (ou deveríamos chamar de trambique?) era fundamental para salvar as finanças do Catolicismo e dar-lhe novo alento, pois segundo disse um bispo em um Concílio:

Indo umas almas para o céu, gozar felicidade eterna e outras eternamente condenadas para o inferno, claro é que as missas e rezas eram improfícuas. Havendo, porém, um lugar intermediário onde elas pudessem estacionar, logicamente se poderia encaminhá-las para o céu com uma liturgia especial, que forçosamente custa dinheiro.

No entanto, já no século X, Santo Odilon, padre de Cluny, imitando certos frades, começou a rezar pelos mortos, chegando a ficar famoso por ter libertado do purgatório um número incalculável de almas, o que obrigou o Papa João XVI a instituir o Dia de Finados. O padre Odilon ficou rico e o clero continua colhendo dividendos desse comércio.

Vejam, se há o inferno, é claro que deve haver também um *administrador* dessa região. A Igreja investiu de tais poderes o *pobre diabo*, eterno tentador da indefesa humanidade. Esta figura atende também pelo nome de SATAN, termo que, na sua origem, nunca foi criado para personificar entidade alguma do inferno. D'Olivet[99] explica a origem deste termo:

> *A raça branca originária do polo boreal era chamada, pelos europeus, de raça boreana e hiperboreana. Moísés a chamava de giboreana. Esta raça tinha horror à raça negra pelas suas funestas incursões, por isso que a denominaram de* sudeana. *Deste termo se originaram os termos de Suth ou Soth dos egípcios, Sath dos fenícios, Shatan ou Satan entre os etruscos e Sathur entre os escandinavos.*

Foi, então, um termo criado para simbolizar a raça negra, inimiga da raça branca, porque, nesses tempos, os povos ainda não conheciam o Princípio do Mal, como a entidade celestial decaída, que só muito tempo depois é que foi aparecendo na cabeça dos *místicos*. Os povos brancos sincretizaram essa entidade com um boneco pintado de preto e arrumaram-lhe chifres, rabo, unhas aduncas, dentes caninos, patas de bode, tridente etc. Cada um lhe atribuiu

---

99. *História filosófica do gênero humano.*

os vícios da humanidade e outros males. Espantados com tal personagem que eles mesmos fabricaram, fugiram horrorizados com a sua própria ideação. É este monumento que hoje serve de suporte ao Catolicismo[100] e, o que é pior, também a muitos umbandistas. Em solo brasileiro, os jesuítas converteram o Messias, Yurupari dos indígenas, no Diabo. A Igreja Católica não nega a existência do Diabo. Ao contrário, reconhece-a e, tanto assim, que nos fala, constantemente do inferno, das penas eternas e esconjura as religiões mediúnicas como obra maléfica do Satanás.

Para os jesuítas, Yurupari era o Diabo. Na língua *nheengatu*, Yurupari nunca significou o Diabo. Na teogonia amerígena, é o filho da virgem Chiúcy, a Mãe do Pranto, a *Mater Dolorosa*, que, separada para todo o sempre do filho dileto, chora ainda hoje o suplício dessa fatal separação. Yurupari compõe-se de dois vocábulos nheengatu: *yuru* — pescoço, colo, garganta ou boca e *pari* — fechado, tapado, apertado. Epiaga[101] cita que Yurupary quer dizer mártir, torturado, sofredor, o agonizante, presa do estertor mortal, verdadeira angústia ou aperto na garganta ou do pescoço. Jesus, no derradeiro instante da tragédia do Gólgota, em que sofreu "a dor silenciosa, a dor sobre-humana, que lhe contraiu o semblante, arroxeou os lábios e apagou o brilho dos olhos", não se eximiu ao tórculo da prementíssima agonia.

Esses mesmos jesuítas, que incentivavam o sincretismo dos Santos Católicos com os Orixás, procediam da mesma forma insinuando que Exu era o diabo. Os brancos, não podendo compreender uma religião tão diferente da sua, julgava-a "demoníaca",

---

100. E também as igrejas pentecostais.

101. *Amerríqua:* as origens da América.

já que não era cristã. Como os negros sabiam que o Santo não era o Orixá, sabiam também que Exu não se identificava com o diabo. Bastide[102] comenta:

> *Ouvi os negros da Bahia protestarem contra o nome do diabo dado às vezes a Exu, porque percebem o que separa a figura do Exu da do demônio: "Não, Exu não é o diabo, ele não é mau".*

No entanto, as constantes fragmentações ocorridas nas gerações subsequentes contribuíram para uma interpretação errada sobre Exu. Carneiro[103] diz:

> *Exu ou Elegbará tem sido largamente mal interpretado. Tendo como reino todas as encruzilhadas, todos os lugares esconsos e perigosos deste mundo, não foi difícil encontrar-lhe símile no diabo cristão.*

Escreve ainda:

> *Exu não é um Orixá — é um criado dos Orixás e um intermediário entre os homens e os Orixás, é exatamente por causa dessa sua qualidade que os candomblés começam por festejá-lo. Toda festa começa com o despacho de Exu (padê). Quando os negros dizem despachar Exu, empregam esse*

---

102. *O Candomblé da Bahia.*

103. *Os Candomblés da Bahia.*

verbo no sentido de enviar, mandar. Exu é como o embaixador dos mortais. Tem por objetivo realizar os desejos dos homens — sejam bons ou maus — e cumpre a sua missão com uma precisão matemática, com uma eficácia e uma pontualidade jamais desmentidas. O despacho de Exu é uma garantia prévia de que o favor a pedir será certamente obtido.

Sendo Exu o intermediário entre os seres humanos e os Orixás, não é difícil compreender porque em todos os trabalhos de magia a primeira oferenda lhe é dedicada, pois quem movimenta a magia nada pode fazer ou realizar sem recorrer a este Agente. Mas não é só com o diabo que Exu é sincretizado. Às vezes encontra similitude em Santo Antonio, porque induz à tentação, incita maus pensamentos e perturba as cerimônias (Santo Antonio teria sido perturbado por demônios). Também é sincretizado com São Bartolomeu, porque no dia 24 de agosto, dia desse Santo, costuma-se dizer que *todos os demônios estão soltos.*

Um sincretismo pouco usual é encontrado no Rio Grande do Sul, onde o seu símile é São Pedro, pois este santo é o porteiro do paraíso, é o responsável pelo tráfego das almas, é ele quem abre e fecha os caminhos. Nos candomblés, o assentamento de Exu encontra-se à porta das casas.

O termo Exu pode sofrer variações em função da nação africana que influenciou determinado candomblé. Assim temos:
• Keto – **Exu** ou **Embarabô**.
• Jeje – **Elégbará**.
• Angola – **Aluvaiá**.
• Congo – **Bombongira** ou **Pambu Njila**.

Bandeira[104] faz a seguinte abordagem sobre os Exus:

> *O Candomblé, com sua base africanista, considera o Exu como Orixá desobediente, capaz de perturbar as cerimônias, por isso devendo ser afastado, não só dos trabalhos, como da localização dos "quartos de santos".*
>
> *O Exu tem então a sua casa trancada a chave e com cadeado, num simbolismo dessa prisão, a qual fica próxima à entrada, por fora do prédio onde se realizam os rituais, e sem estar sob o mesmo teto dos Orixás, razão ainda por que lhes são ofertados os primeiros sacrifícios para evitar quaisquer interferências ou perturbações nos trabalhos a desenvolver.*
>
> *Surge assim um fundamento por todos aceito, permitindo ordenar alguns conceitos primários de que, aceitando ofertas e executando trabalhos, são dotados de algum conhecimento pelas suas manifestações, não sendo tão somente forças da natureza, mas não necessariamente almas humanas, num sentido reencarnacionista, sem levar em conta, ainda a explicação do fundamento africano em sua irmandade com outros Orixás.*

---

104. *O que é a Umbanda.*

O Exu é considerado então, pelos africanistas, como um mensageiro dos Orixás, ou uma força a ser mobilizada, sem a qual não se iniciam os trabalhos, pois lhe cabe dar a segurança nas tarefas, limpar o ambiente ou abrir os caminhos, o que não se consegue sem a sua permissão. É um guardião, uma sentinela pela qual se tem de passar, cumprimentar e agradecer.

Nos terreiros de Umbanda, ocorrem concepções diferentes havendo, no entanto, algumas ligações com a cultuação africanista que vão se diluindo com o passar do tempo.

Existem na Umbanda conceitos que requerem maiores esclarecimentos, como Exu Pagão e o Exu Batizado.

É necessário ingressar num campo de vidas anteriores, esboçando etapas da evolução em função do passado que marcam as atuações no presente, num entrosamento seletivo com a intenção dos trabalhos, com sensibilidade mais nítida ante as pessoas que procuram a ajuda espiritual, indo numa escala desde a Magia Negra, da Quimbanda, aos trabalhos para o bem.

Este tipo de trabalho exige uma força semimaterial para poder penetrar nessas áreas poderosas, onde se localizam potências maléficas, necessitando para combatê-las de guardiões que possuem afinidade com esses meios através de suas vibrações.

Muitas entidades trabalham sob a denominação de Exu. Cada um, cada lugar tem o seu guardião, o seu Exu, que deve ser convocado para agir naquele campo de vibrações densas, pois tudo existe e age conforme a afinidade de cada meio em função da mente dos participantes, seja para o bem, seja para o mal.

Com exceção de alguns meios umbandistas, onde encontrarmos por vezes para Exu, o fundamento africanista nítido, na maioria há uma função em torno do conceito de Exu-Alma, daí a denominação de Exu Pagão [105] e Batizado.[106] São situações que os próprios nomes definem, pois o Exu Pagão é tido como o marginal da espiritualidade, aquele sem luz, sem conhecimento da evolução, trabalhando na magia do mal e para o mal, em pleno reino da Quimbanda sem que, necessariamente, não possa ser despertado para evoluir de condição.

---

105. Kiumba (nota do autor).

106. Exu de Lei (nota do autor).

Já o Exu Batizado,[107] caracteristicamente definido como alma humana, sensibilizada para o bem, trilhando um caminho de evolução, trabalha, como se diz para o bem, dentro do reino da Quimbanda, por ser força que ainda se ajusta ao meio, nele podendo intervir, como um policial que penetra nos antros de marginalidade.

Há, portanto, uma ligação muito acentuada de escalas de evolução e situação espiritual, pois muitos revelam conhecimentos em demonstrar poderes curativos, distanciando-se do enquadramento de agentes do mal, em uma progressão dentro do terreiro, feita através da mediunidade dos seus médiuns, que também evoluem paralelamente.

Não se deve, entretanto, confundir Exu com espírito zombeteiro, mistificador ou equivalentes, porque estes pertencem a outra classificação, como espíritos legítimos que o são, daí a denominação específica de kiumbas, definindo de maneira precisa esses espíritos obsessores ou perturbadores, passíveis de evolução quando doutrinados ou esclarecidos da situação em que se encontram.

---

107. Podemos também pensar que os Exu batizados procuram dentro do código umbandista desmanchar os trabalhos dos Exus pagãos, que baixam em alguns terreiros provocando o mal (nota do autor).

> *O lado feminino de Exu manifesta-se através da Pombagira (proveniente do termo Bombogira). A Pombagira é explicada como sendo um espírito inferior, na maior parte dos casos estacionários, com o mesmo cortejo fálico e de vibrações densas, querendo ser comprada, por ser a mulher mais perseverante no seu conservadorismo, mas algumas aceitam o caminho evolutivo, dependendo do médium em que incorporam.[108]*

> *Os Exus são então enquadrados sob os seguintes aspectos:*
> - *Orixá desobediente;*
> - *Alma ainda ligada à natureza;*
> - *Espírito maléfico estacionário;*
> - *Espírito a caminho da evolução.*

Vejamos a opinião de Zélio de Moraes sobre Exu em uma entrevista com Lilia Ribeiro:[109]

— Considera o Exu um espírito trabalhador como os outros?

— O trabalho com os Exus requer muito cuidado. É fácil ao mau médium dar manifestação como Exu e ser, na realidade, um espírito atrasado, como acontece, também, na incorporação de Criança. Considero o Exu um espírito que foi despertado das trevas e, progredindo na escala evolutiva, trabalha em benefício

---

108. Também existem *kiumbas* femininos. [Nota do autor.]

109. *Entrevista com o Caboclo das Sete Encruzilhadas.*

dos necessitados. O Caboclo das Sete Encruzilhadas ensinava que Exu é, como na polícia, o soldado. O chefe de polícia não prende o malfeitor; o delegado também não prende. Quem prende é o soldado, que executa as ordens dos chefes. E o Exu é um espírito que se prontifica a fazer o bem, porque cada passo que dá em benefício de alguém é mais uma luz que adquire. Atrair o espírito atrasado que estiver obsedando e afastá-lo é um dos seus trabalhos. E é assim que vai evoluindo. Torna-se, portanto, um auxiliar do Orixá.

Percebe-se, nas palavras de Zélio, que o Exu é um espírito que não necessariamente faz o mal. Muitos espíritos atrasados (kiumbas) baixam nos terreiros, fazendo-se passar pelos verdadeiros Exus.

Outros autores têm uma visão um pouco diferente sobre a natureza de Exu, como podemos ver no texto de Linares:[110]

> *Podemos definir o Exu como um espírito que, tendo superado a barreira da morte (feito sua passagem, ter morrido, ter se separado de seu corpo físico), constata, durante seu próprio autojulgamento, que mercê de ações vis que haja praticado em sua última existência física, carregou-se de negatividade, são espíritos de pessoas que antes de tudo são egoístas, mas que provocam a dor e o sofrimento físico e mental, a seus amigos, parentes, dependentes e a quantos possa explorar, são espíritos sem luz e que se encontram tão atrasados, que independen-*

---

110. *Iniciação à Umbanda.*

temente de reunirem méritos para se igualarem aos espíritos de luz, tudo fazem para confundir-se com estes.

Quando procurados junto as tronqueiras e reinos de Exus, raramente falam sobre si mesmos, e quando falam geralmente blefam, parecem divertir-se com a ingenuidade de seus interlocutores, procuram sempre demonstrar um poder, uma superioridade que estão muito longe de possuir, ou então, muito matreiros, mostram-se inseguros e submissos para melhor enganar, nunca dizem seus verdadeiros nomes, ou melhor, os nomes com que eram conhecidos quando em vida, preferindo sempre a designação genérica de Exu, quando se pergunta a um deles: — Qual o seu nome? A resposta geralmente é seca: — Exu, e é preciso às vezes muita paciência para que adiantem algo mais, se forçados, geralmente escolhem um nome pelo qual desejam ser conhecidos pelo grupo, e que pode perfeitamente ser outro completamente diferente, em outro grupo, traiçoeiros e ladinos, enganam às vezes as pessoas de forma tal que passam por verdadeiros deuses, creio mesmo que não haveria nenhum exagero em afirmar-se que médiuns e chefes de terreiro mal preparados chegam a transformar seus terreiros em templos de demonologia e a si próprios em seguidores sectários desses mesmos pobres diabos.

Os que esperam um mundo de conquistas terrenas e que para isso chegam a tornar-se totalmente dependentes desses a quem chamam Exus, somente muito tarde perceberão que, longe de terem se aproveitado desses espíritos, foram por eles aproveitados, longe de haverem sido senhores, são escravos.

No Voodo haitiano existe uma classe de espíritos denominados *guedé*, considerados patronos dos cemitérios e da morte. Neves[111] cita que eles surgem vestidos como agentes funerários, com velhas sobrecasacas e cartola, como o faz, por exemplo, Baron Cemitierè ou Baron Samedi (*samedi*, sábado, último dia da Criação), colocado sob o signo de Saturno e simbolizado pela cor negra, corresponde ao Exu Caveira.

Ainda no Voodo haitiano encontramos Papa Legba (guardião das encruzilhadas), que é o intermediário entre os loa (divindades) e a humanidade. Ele está em uma encruzilhada espiritual e dá (ou nega) permissão para falar com os espíritos. Ele é sempre o primeiro e o último espírito invocado em qualquer cerimônia, porque a sua autorização é necessária para qualquer comunicação entre os mortais e os loa — ele abre e fecha as portas. No Haiti, ele é a grande elocução, a voz de Deus. Facilita a comunicação, a fala e a compreensão. Ele é muito poderoso, ele é o primeiro a abrir as portas para o mundo espiritual, quando solicitado, e tem o poder de remover obstáculos. Suas cores são o vermelho e o preto.

---

111. *Do Vodu à Macumba.*

Figura 8: Vevé (ponto riscado) de Baron Samedi.
Fonte: Do Vodu à Macumba – Marcia Cristina Neves.

Figura 9: Papa Legba.
Fonte: <http://waterwoodworks.deviantart.com>.

Figura 10: Vevé (ponto riscado) de Papa Legba.
Fonte: <http://chamuela.blogspot.com>.

4.2. MAS, ENTÃO, QUEM É EXU?

Exu em seu próprio vocábulo, em seu próprio termo, podemos dizer Exud. Um termo que transcende e é originário da Lemúria. Exud é o povo que migrou, o povo que saiu.[112] Na verdade Essu, Essuriá ou Exu é o Agente Cósmico, necessário equilibrador entre as coisas passivas e ativas, entre as coisas que são e que serão. De acordo com os aspectos esotéricos da Umbanda, de W. W. da Matta e Silva, cada Orixá tem o seu Agente Cósmico:

---

112. Talvez por isso se despache Exu (*padê* ou *pahande*).

Orixá	Agente Cósmico (Exu)
Orixalá	Sete Encruzilhadas
Ogum	Tranca-Ruas
Oxóssi	Marabô
Xangô	Giramundo
Yorimá	Pinga Fogo
Yori	Tiriri
Yemanjá	Pombagira

Cada um destes Agentes Cósmicos possui os seus Chefes de Legião:

Exu Sete Encruzilhadas
Exu Sete Pembas
Exu Sete Ventanias
Exu Sete Poeiras
Exu Sete Chaves
Exu Sete Capas
Exu Sete Cruzes

Exu Tranca-Ruas
Exu Veludo
Exu Tira-Toco
Exu Porteira
Exu Limpa Tudo
Exu Tranca-Gira
Exu Tira-Teima

Exu Marabô
Exu Capa Preta
Exu Lonan
Exu Bauru
Exu das Matas
Exu Campina
Exu Pemba

Exu Giramundo
Exu Meia-Noite
Exu Quebra-Pedra
Exu Ventania
Exu Mangueira
Exu Corcunda
Exu das Pedreiras

Exu Pinga-Fogo
Exu do Lodo
Exu Brasa
Exu Come Fogo
Exu Alebá
Exu Bara
Exu Caveira

Exu Tiriri
Exu Mirim
Exu Toquinho
Exu Ganga
Exu Manguinho

Exu Lalu
Exu Veludinho

Exu Pombagira
Exu Carangola
Exu Ma Cangira
Exu Nanguê
Exu Maré
Exu Gererê
Exu do Mar

Cada um desses 49 Exus tem também o seu grupo de 7 guardiões que podem, ou não, utilizar os mesmos nomes dos Chefes de Legião, e assim por diante.

Os Orixás são os Senhores distantes da Luz Maior, luz que irradia desde o mais Alto Astral até as sombras, as penumbras das trevas. Da luz maior até as trevas existem enviados dos Orixás. Os Orixás, apesar de muito distantes de nós, são sensíveis a todos que sinceramente desejam a Eles chegar por meio de seus pedidos e súplicas. Quem faz esse encaminhamento são os Exus.

São muito importantes as funções do Exu Caveira e seu comandado Exu Tranca-Ruas das Almas, que faz a intermediação da Kimbanda com a Kiumbanda. Ele tem acesso a essas zonas inferiores e é um ser de grande poder de irradiação mentalizadora e de frenação. É o coordenador das energias livres, existentes nos cemitérios, matadouros etc. Essas energias livres, quando bem direcionadas, são de grande utilidade inclusive para pessoas desvitalizadas, e evitam que seres de baixa estirpe[113] as utilizem para fins deletérios.

O Exu Pombagira tem função importantíssima na higienização sensual do Planeta. Dos sete Exus, a Senhora Pombagira é a *única mulher*, o que deu aos apressados pensarem que ela é *mulher de sete Exus*. Nem sempre a Pombagira é interpretada na sua forma superior. Trindade[114] cita uma entrevista com uma "Pombagira", incorporada em um médium, onde a Entidade assim se manifestou, mostrando os seus desejos e os conflitos do médium com a situação:

Eu sou eterna. Porque todo Exu da corrente infernal é eterno. Eu sou boa, ajudo a quem merece. Se você me der o que eu quero eu ajudo. Não é que eu preciso, porque eu tenho o reino do mundo, as trevas. Porque tudo o que existe no mundo, da maconha à bagunça é o meu reino... Eu não baixo em moça nem em homem mesmo. O cavalo não gosta de mim, certo. Porque ele não admite as coisas que eu faço. Porque pelo meu gosto tinha sapo, tinha cobra, maconha, tinha tudo para trabalhar. Ele não quer estas coisas, ele não tem permissão do santo dele.

Quando uma mulher se perde eu dou gargalhada, quando um homem vira feminado, eu dou gargalhada, porque o meu mundo é bom e bonito. Pra

---

113. Kiumbas.

114. *Exu:* poder e perigo.

mim tudo está bem porque eu não tenho mais nada a perder... Eu não brigo com os outros Exus. Porque os Exus têm o maioral para obedecer. Tem o Lúcifer, tem a Maria Padilha, eles são os reis. Os outros Exus são escravos deles, é maioral deles, dominam eles. Eles não podem fazer mais do que os seus chefes, não é? Eu tenho que obedecer, não posso fazer mais do que eles. Numa firma que você trabalha, você não pode mais que os chefes, não é? Eu acho o meu cavalo muito sem-vergonha, faz as coisas erradas, porque não zela direito dos guias dele. Merece um couro da peste. Numa parte ele é bom, ajuda quem precisa, mas na parte pra zelar de nós ele não é.

O cavalo não gosta de mim; ele recebe porque é desses que entrou vai até o fim. Ele me condena, mas não pode deixar, estamos ligados, eu com ele, porque ele não pode desistir.

Os seres humanos quando transferem a Exu, por meio da demanda, a prática de atos socialmente condenados ou de sentimentos hostis em relação aos outros, delegam as culpas e as responsabilidades destes atos e sentimentos à divindade.

No terreiro de Umbanda bem dirigido moralmente, os Exus de Lei executam as ordens de Caboclos, Pretos Velhos e Crianças, aplicam a Lei que para muitos pode ser interpretada como um mal, dependendo da sua condição kármica. Exu está acima do bem e do mal. Não é bom nem mau, é justo. Exu é o Senhor da Magia, o Saneador Planetário.

Para alguns, **Exu é Poder!** Poder de ação para movimentar importantes energias e a paralela passiva da Lei, dentro dos preceitos de amor e justiça. Para outros, **Exu é Perigo!** Perigo por utilizar indevidamente, para fins escusos, a força do Guardião e receber a cobrança kármica por seus atos.

Alguns autores prestaram um desserviço à Umbanda e à Kimbanda com seus textos sobre os Exus. Fontenelle[115] apresenta-se com total falta de humildade, considerando-se o dono da verdade. Na apresentação do livro escreve: *por se tratar de uma obra que define de um modo claro e insofismável toda a atuação das Entidades do Mal que se denominam EXUS...* O conceito errôneo que classifica os Exus como entidades do mal gerou visões distorcidas em muitos umbandistas da época e isso ainda é sentido nos dias de hoje.

Braga[116] afirmou que os Exus são egoístas, interesseiros, vingativos etc. Diz ainda que muitas vezes praticam o bem e o mal, em troca de presentes nas encruzilhadas, nos cemitérios, nas matas, nos rios, nas pedreiras e nas campinas. Parece-nos que o autor confundiu Exus com kiumbas. Em outra obra,[117] quando escreve sobre os Guardiões, cita que os Exus de Omulu são seres peludos, cinzentos, com mãos e pés em forma de garra, orelhas pontudas, dentes idênticos aos dos javalis, com chifres, tortos. Cita também que os Exus do cemitério apresentam forma de esqueleto, os da

---

115. *Exu.*

116. *Umbanda (Magia Branca) e Quimbanda (Magia Negra).*

117. *Trabalhos de Umbanda ou Magia Prática.*

linha de Malei possuem cauda, chifres, pés e patas de bode; alguns se apresentam com forma de morcego e gorilas e quando são chefes usam tridentes. Os de Nagô usam tangas, argolas e pulseiras.

Isto é suficiente para entender que estas descrições foram um "prato cheio" para os "santeiros" produzirem as imagens aberrantes que ainda hoje são comercializadas nas casas de artigos religiosos de Umbanda e que distorceram a verdadeira essência dos Exus.

Em função do sincretismo entre Exu e o Diabo do Catolicismo, muitas confusões foram criadas na Umbanda e em alguns cultos afro-brasileiros. Assim, muita gente que desconhece esses cultos associa a Kimbanda com cultos satânicos e bruxaria. Alguns sacerdotes, isentos de escrúpulos, utilizam a Umbanda e a Kimbanda para a prática do mal, mas isto é culpa do ser humano e não das entidades espirituais.

Na Umbanda a associação de Exu com mal decorre do fato de que uma parte significativa dos umbandistas ainda não se libertou dos conceitos judaico-cristãos sobre o Céu e o Inferno. Não podemos conceber logicamente que o "bem" e o "mal" possam conviver em harmonia. Como é possível que em um terreiro se manifestem Caboclos, Pretos Velhos e outras Entidades de Luz para fazer a caridade e, em seguida, baixem seres desprovidos de ética, prontos para fazer o bem ou o mal, de acordo com o "presente" que receberem?

Figura 11: Assentamento de Exu na Nigéria.
Fonte: Pierre Verger – Orixás.

Figura 12: Imagem nigeriana de Exu confeccionada com madeira da árvore *iroko*.
Fonte: Acervo pessoal do autor.

III. Exu(Èṣù)

Figura 13: Casa de força de Exu em terreiro de aspectos esotéricos da Umbanda.
Fonte: Acervo pessoal de Mestre Kariumá.

Figura 14: Tirinha de Fernando Gonsales retratando, de forma bem humorada, um despacho em uma encruzilhada.
Fonte: Jornal *Folha de São Paulo* (1989).

Exu! Poder e Perigo!

Figura 15: Médium incorporada com Exu em uma macumba carioca.
Fonte: Revista *Manchete*, número 50, de março de 1953.

REFERÊNCIAS BIBLIOGRÁFICAS

ASSUNÇÃO, Luiz. *O reino dos mestres:* a tradição da jurema na Umbanda nordestina. Rio de Janeiro: Pallas, 2006.

BANDEIRA, Cavalcanti. *O que é a Umbanda.* Rio de Janeiro: Eco, 1970.

BASTIDE, Roger. *As religiões africanas no Brasil.* 3ª ed. São Paulo: Pioneira, 1975.

_____. *O Candomblé da Bahia.* São Paulo: Companhia Editora Nacional, 1961.

BENISTE, José. *Mitos Yorubás:* o outro lado do conhecimento. Rio de Janeiro: Bertrand Brasil, 2008.

BOTELHO, Jorge. *Sincretismo Religioso e suas origens no Brasil.* Disponível em: <http://estudodaumbanda.wordpress.com>. Acesso em: 01/11/2011.

BRAGA, Lourenço. *Umbanda (Magia Branca) e Quimbanda (Magia Negra).* Rio de Janeiro: São José, 1942.

_____. *Trabalhos de Umbanda ou Magia Prática.* Rio de Janeiro: Edições Fontoura, 1950.

BROWN, Diana [Org.]. Uma história da Umbanda no Rio. *In:* Brown, Diana [Org.]. *Umbanda & Política.* Rio de Janeiro: Marco Zero, 1985.

BUDGE, Ernest Wallis. *O livro dos mortos egípcio*. São Paulo: Cultrix, 1992.

CARNEIRO, Edison. Cultos africanos no Brasil. *In: Revista Planeta*, n. 1. São Paulo: Editora Três, 1972.

_____. *Os candomblés da Bahia*. 2ª ed. Rio de Janeiro: Andes, 1954.

_____. *Religiões Negras e Negros Bantos*. 3ª ed. Rio de Janeiro: Civilização Brasileira, 1991.

CASCUDO, Luiz da Câmara. *Meleagro*. Rio de Janeiro: Agir, 1951.

CINTRA, Raimundo. *Candomblé e Umbanda*: o desafio brasileiro. São Paulo: Edições Paulinas, 1985.

CUMINO, Alexandre. Umbandista sim macumbeiro também. *Jornal de Umbanda Sagrada*, outubro de 2011.

D'OLIVET, Antoine Fabre. *História filosófica do gênero humano*. São Paulo: Ícone, 1997.

EPEGA, Rev. D. Onadele. *The mistery of the yoruba gods*. Lagos, 1931.

EPIAGA. *Amerríqua: as origens da América*. São Paulo: Madras, 2006.

FARJANI, Antonio Carlos. *A linguagem dos deuses*. São Paulo: Mercuryo, 1991.

FERNANDES, Gonçalves. *O folclore mágico do Nordeste*. Rio de Janeiro: Civilização Brasileira, 1938.

FONTENELLE, Aluízio. *A Umbanda através dos séculos*. 4ª ed. Rio de Janeiro: Espiritualista, 1971.

_____. *Exu*. Rio de Janeiro: Espiritualista, 1951.

FREITAS, João. *Exu na Umbanda*. Rio de Janeiro: Espiritualista, 1970.

ITAOMAN, Mestre. *Pemba*: a grafia sagrada dos Orixás. Brasília: Thesaurus, 1990.

JUNQUEIRA, Carmem. *O mundo invisível*. Conferência de abertura do III Encontro INFOP "Memória e Comunidade". Universidade Federal do Pará, 1999.

LINARES, Ronaldo Antonio; TRINDADE, Diamantino Fernandes; COSTA, Wagner Veneziani. *Iniciação à Umbanda*. São Paulo: Madras, 2008.

LUZ, Marco Aurélio; LAPASSADE, Georges. *O segredo da Macumba*. Rio de Janeiro: Paz e Terra, 1973.

MAGNANI, José Guilherme Cantor. *Umbanda*. São Paulo: Ática, 1986.

MAGNO, Oliveira. *A Umbanda Esotérica e Iniciática*. Rio de Janeiro: Espiritualista, 1950.

MAALNDRINO, Brígida Carla. *Macumba e Umbanda: aproximações*. Disponível em: <http://www.abhr.org.br>. Acesso em: 14/11/2011.

MATTA E SILVA, W. W. *Umbanda do Brasil*. 3ª ed. São Paulo: Ícone, 2000.

_____. *Umbanda e o Poder da Mediunidade*. 4ª ed. São Paulo: Ícone, 1997.

NEVES, Marcia Cristina A. *Do Vodu à Macumba*. São Paulo: Tríade, 1991.

OLIVEIRA, José Henrique Motta. *Das macumbas à Umbanda:* uma análise histórica da construção de uma religião brasileira. Limeira: 2008.

OMOTOBÀTÁLÁ, Osvaldo. *Reino de Kimbanda*. Versão digital. Editora Bayo.

ORTIZ, Renato. *A morte branca do feiticeiro negro*: Umbanda e sociedade brasileira. 2ª ed. São Paulo: Brasiliense, 1991.

PELLIZARI, Edmundo. *Kimbanda e Quimbanda*. Mimeo, 2010.

RIBEIRO, Lilia. *Entrevista com o Caboclo das Sete Encruzilhadas*. Rio de Janeiro: TULEF (Tenda de Umbanda Luz, Esperança, Fraternidade – RJ), 16 de novembro de 1972.

RAMOS, Arthur. *As culturas negras no novo mundo*. São Paulo: Companhia Editora Nacional, 1979.

_____. *O negro brasileiro*. Rio de Janeiro: Civilização Brasileira, 1934.

RIO, João do (Paulo Barreto). *As Religiões no Rio*. Rio de Janeiro: Nova Aguilar, 1976.

RODRIGUES, Nina. *Os Africanos no Brasil*. Coleção Brasiliana. São Paulo: Companhia Editora Nacional, 1945.

SANTOS, Juana Elbein. *Os Nagô e a morte*. 11ª ed. Petrópolis: Vozes, 2002.

SILVA, Vagner Goncalves. *Candomblé e Umbanda*: caminhos da devoção brasileira. São Paulo: Selo Negro, 2005.

SOUZA, Leal de. *O Espiritismo, a Magia e as Sete Linhas da Umbanda*. Rio de Janeiro: Diário de Notícias, 1932.

_____. *No Mundo dos Espíritos*. Rio de Janeiro: A Noite, 1925.

TRINDADE, Diamantino Fernandes. *Antonio Eliezer Leal de Souza: o primeiro escritor da Umbanda*. Limeira: Editora do Conhecimento, 2009.

_____. *A construção histórica da literatura umbandista*. Limeira: Editora do Conhecimento, 2010.

_____. *Umbanda Brasileira:* um século de história. São Paulo: Ícone, 2008.

TRINDADE, Liana. *Exu:* poder e perigo. São Paulo: Ícone, 1985.

_____. *Conflitos sociais e magia*. São Paulo: Hucitec – Terceira Margem, 2000.

VALENTE, Waldemar. *Sincretismo Afro-Brasileiro*. 3ª ed. São Paulo: Companhia Editora Nacional, 1977.

VERGER, Pierre. *Orixás*. São Paulo; Corrupio, 1981.

ICONOGRAFIA

Figura 1: Preto Velho e Preta Velha em um terreiro de Macumba. Fonte: Acervo pessoal de Pai Juruá.

Figura 2: Médiuns femininas em um terreiro de Macumba. Fonte: Acervo pessoal de Pai Juruá.

Figura 3: Duas médiuns em um terreiro de Macumba. Fonte: Acervo pessoal de Pai Juruá.

Figura 4: Médium coroada em um terreiro de Macumba. Fonte: Acervo pessoal de Pai Juruá.

Figura 5: Curiosa capa de disco sobre a Macumba.

Figura 6: Macumba (o tambor).

Figura 7: Trabalhos de desobsessão na mesa da Tenda Nossa Senhora da Piedade na década de 1970. Fonte: Acervo pessoal do autor.

Figura 8: Vevé (ponto riscado) de Baron Samedi). Fonte: Do Vodu à Macumba – Marcia Cristina Neves.

Figura 9: Papa Legba. Fonte: <http://waterwoodworks.deviantart.com>.

Figura 10: Vevé (ponto riscado) de Papa Legba. Fonte: <http://chamuela. blogspot.com>.

Iconografia

Figura 11: Assentamento de Exu na Nigéria. Fonte: Pierre Verger – *Orixás.*

Figura 12: Imagem nigeriana de Exu confeccionada com madeira da árvore *iroko.* Fonte: Acervo pessoal do autor.

Figura 13: Casa de força de Exu em terreiro de aspectos esotéricos da Umbanda. Fonte: Acervo pessoal de Mestre Kariumá.

Figura 14: Tirinha de Fernando Gonsales retratando, de forma bem humorada, um despacho em uma encruzilhada. Fonte: Jornal *Folha de São Paulo* (1989).

Figura 15: Médium incorporada com Exu em uma macumba carioca. Fonte: Revista *Manchete*, número 50, de março de 1953.